舒國治作品

臺灣重遊

目次

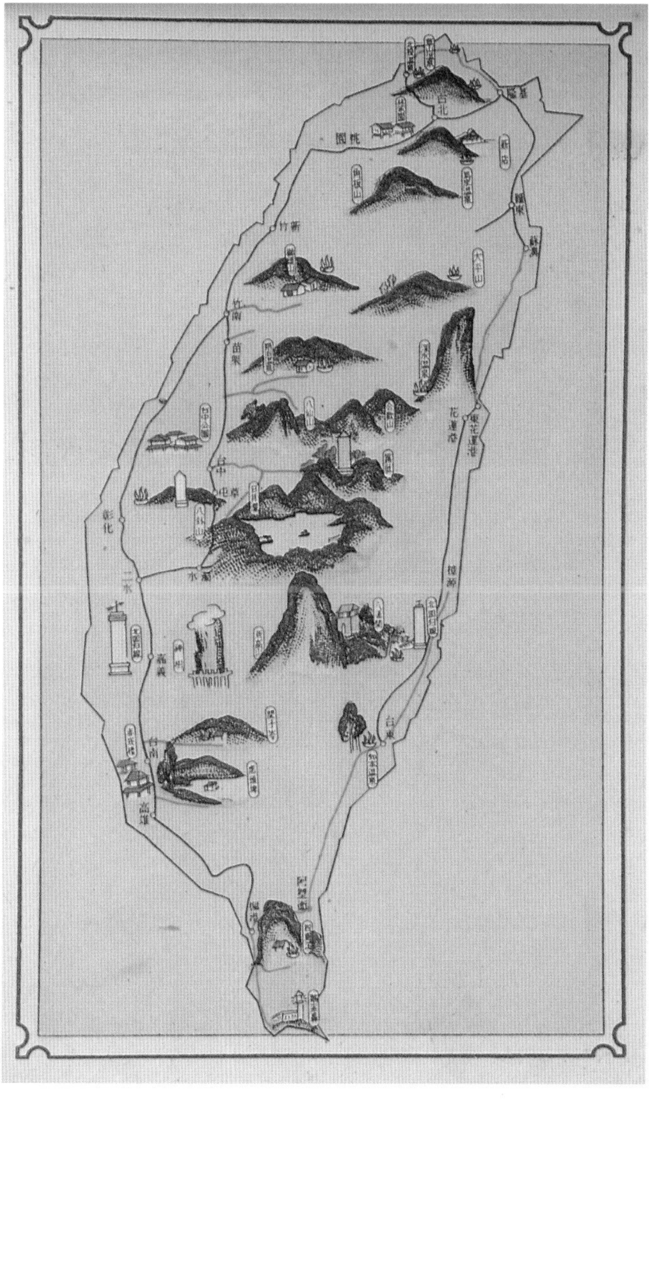

台北
桃園
新竹
竹南
苗栗
台中
彰化
二水
嘉義
台南
高雄
台東

台三線上近峨眉的大河派出所

緣起

有些景物我幾乎忘了。從前中興大橋那兩隻
石獅子如今猶在原地嗎？

北宜線上、烏來線上的吊橋與台車道，多半
都不見了。

竹山通往神社的那處坡道，兩旁有石燈的，
還是老樣子嗎？

美濃的菸樓還烘菸葉嗎？

各地糖廠還吃不吃得到自製的紅豆冰棒？

時光荏苒，人近中年，我想將原就熟悉的臺灣再去一一重遊。

這個臺灣，包括五十年代即深烙心中，是為我對「寶島」之具體知解的烏來瀑布、碧潭吊橋，左營春秋閣、新竹青草湖，以及出現於無數月曆與圖片的台中公園水上雙軒、鵝鑾鼻燈塔，還有家中筷子上印烙的「關子嶺留念」「阿里山紀念」等。

阿里山上有神木，秀絕遺立，幾乎可說是臺灣的聖山。昔人為文稱說「不到阿里山，不知臺灣的偉大」，竟也是阿里山最典型的一句slogan。

四十年代末我的家人即在日月潭德化社和毛王爺的家人合影過，我那時還未出生。這張照片還留在我家，相信很多家庭都有這樣的照片。

鵝鑾鼻

這個臺灣，包括六十年代我親身踏遊的野柳、內雙溪、新店鷺鷥潭、南港十八羅漢洞、石碇皇帝殿、福隆海水浴場等當時青春年少所流行的郊遊露營景點。

這個臺灣，包括七十年代以長途火車旅行或服兵役所到或工作所經的彰化鹿港、台中清水，南投竹山、埔里、溪頭、雲林口湖、北港、斗六、高雄美濃、屏東水底寮、恆春，以及花蓮、台東。

這個臺灣，其實很大；這個臺灣，其實很偏僻；這個臺灣，也其實常常令我遺忘；

二水往集集途中

然它始終是我的後院。好像我知道我就快要去了。

幾個月前，到了清水，吃了一個筒仔米糕，屈指一算，距第一次到清水已有26年。

今春赴花蓮，特別一遊太魯閣至天祥，這段路上的太多座橋因山洪或土崩都移過位置，一算歲月，距上次已隔了23年。

上一次去美濃，18年前。

上一次去東海大學，15年前。

上一次去鷺鷥潭，差不多三十年了。

現在流行的九份，距我第一次去，有25年了。

因水庫而與三十年前完全不同的鷺鷥潭

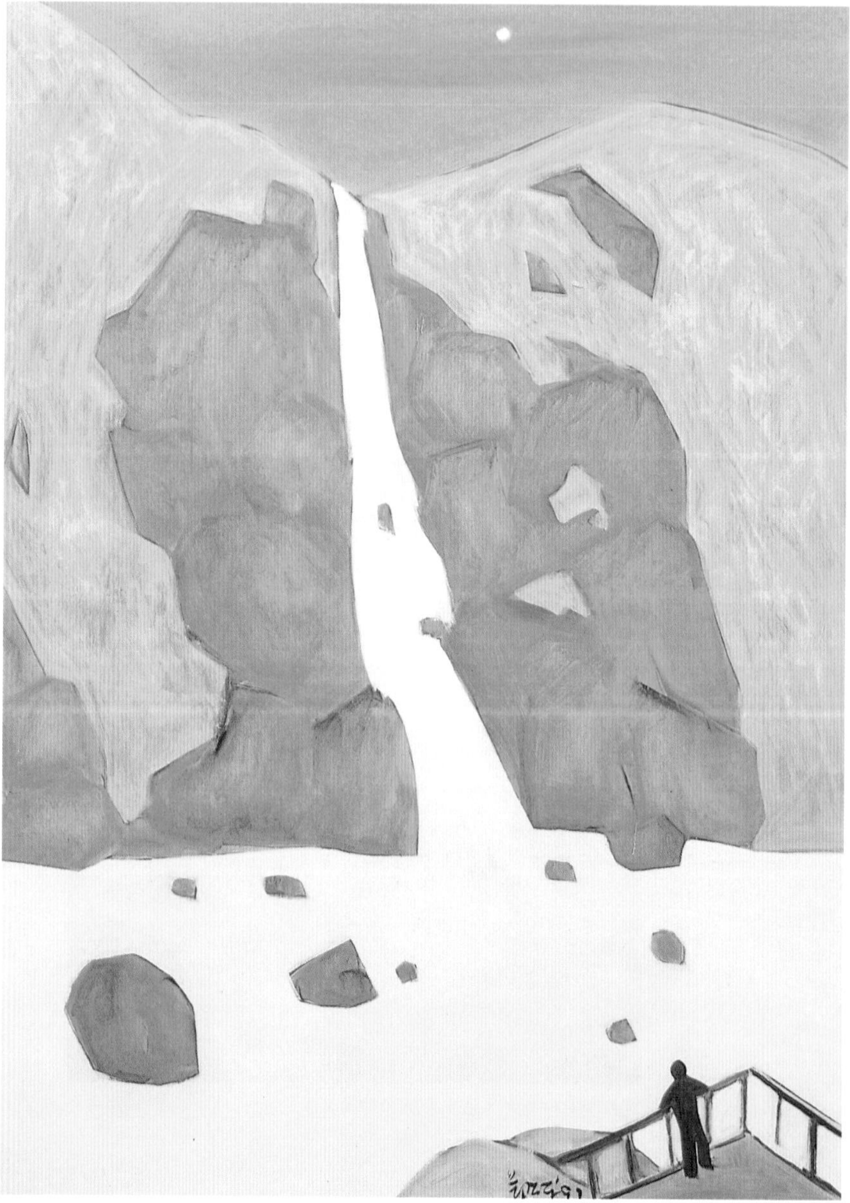

烏來

臺灣風景，適合泛泛一玩。譬似有一天醒來，發現極目都是火紅燦爛的鳳凰木（台南）。下一刻你正在「清水斷崖」（蘇花公路），伸頭出窗看車輪離崖邊多遠。你在深夜的彰化小攤上吃著小吃，這種夜晚攤子全臺灣每一天都有幾萬個在擺著，吃著吃著，你發現它不只是小吃，而是小吃的筵席，吃空的碟子堆成好幾落；待你起身想要撒尿，才發現這攤子後面原來是一座老形制的關帝廟。

再就是宜蘭「北關觀潮」，實是絕佳眺海眺島（龜山島）之點。不過你不會特地奔去。你只在車行中停下一顧，卻有欣喜之獲。

集集車站

臺灣風景，適合不經意遇上。台南玉井、嘉義民雄、及南投集集至水里等處的綠色隧道，總在你車行經過時感到無比愉快，甚至生了疼惜之心。尤其長途驅車後在早晨五點的清光下突然來抵你的眼前。多少的有名無名小瀑布，在雨後的峽谷出現。你不需為它下車，事實上你也只能隔著溪谷遠遠望它。臺灣也多的是溫泉，有受人經營的，也有野的；乍然遇上，滌清旅塵，隨又上路，這樣最好。

不經意看得的臺灣，是最真實的臺灣。像吊橋，像隧道，像陡崖旁的溪流，及溪對過的峰巒相連。

一面是溪谷，一面是崖旁公路的這種景，是臺灣的

車中望海

典型景，令我們覺著習熟相像。譬似台六線自福基至大湖沿著汶水溪的一段，譬似自草屯往埔里的一段，譬似新店廣興的那一段水畔小路，太多太多，都像是具體而微的北橫、中橫、南橫。

臺灣，不愧是自山裡開出來的奇絕之地。

然而我們會期待那不經意之後的驚喜。進入小鎮總想多旁繞幾條路，期待出現一幢更老的磚宅、一座更老的寺廟、一攤更顯好吃的小吃。見了一所國小，總要進去窺看一眼，直到找上一棵老榕樹或什麼的才肯罷休。公路邊一座冷橋，總會考慮要不要跨過去瞧個究竟。

我們不僅僅是想要探訪舊蹤。

新店廣興的水畔小路

臺灣風景，適合不特究太多民族意義及歷史名氣。赤嵌樓推門去看便是，好看不好看，實不需太去念及鄭成功事蹟。大甲鐵砧山及彰化八卦山何等有名，然昔日的勝形早已蕩然改觀，登其上，不知何所投注目光。北埔「金廣福公館」何其靜寧悠然立於僻遠山鄉一角，平日不易見到一二遊人；後山的「秀巒公園」依稀有京都「哲學之道」旁小山風意，這裡雖充滿抗日義舉史事，卻未必替這清麗景致更添光采。

北埔金廣福公館

金瓜石的「黃金神社」，日據時期的頹敗遺跡，一來隱藏於山坳裡任其荒殘，二來並沒改建成公園或忠烈祠，此二優勢造就它天成奇景，堪稱北海最佳角落。二公里外的九份，今日早已毀於俗趣，而神社近處仍疏於遊人，便因它既不具民族意義，也沒有歷史名氣。

遊看臺灣，一次又一次，令我們臺灣孩子心目中總是充塞著複雜的情懷；說不出的驚喜，又說不出的平淡；有時讚嘆，有時憤怨；十分奇妙。

乃因臺灣風景，許多你已去過；臺灣風景，你本就頗為熟悉；臺灣風景，你始終以為它就在你手邊。

旗山國小

旗山國民小學

不知是不是如此，台北市以外的所有臺灣各地，幾乎都可以概念性的被稱做「南部」。

永和、新莊、三重、板橋、汐止，與台北市只隔一條河，然它們實在太可以被稱為「北部的南部」。

南部

南部仍一逕有著鄉鎮式閒閒度日的情調。他們的車多半停在門前，馬路邊或自家騎樓下，不怎麼需要動；要去吃個攤子或逛一下夜市，則開了出去，吃完逛完，又閒閒的開回來，停好。他

旗山國小的厚牆校舍，有一份天成的安靜沉定

的車，常常洗。當然是用自家水管沖出來的水。有汽車的家庭，多半仍有個一、兩台摩托車；許多地方他要去，並不開動汽車，騎摩托車就好。腳穿拖鞋就好，騎時雙腳晃蕩蕩的垂下，並不收擱在踏腳板上，像是幾秒鐘後就要停下似的。他覺得去的每個地方離家都很近，乃始終穿著拖鞋。

因此，即使他移徙到新莊或永和已很多年，又在台北的師大路龍泉街夜市擺個鹽酥雞攤子每天要待在那裡工作八或十小時，卻仍然穿著拖鞋。

旗山公園的登崗長階。多山的臺灣城鎮在日據時即被規劃成的習有模樣

南部人愛泡茶。三五好友坐下，水燒上，便泡起茶來。你一杯，我一杯，就聊起他們南部式的閒閒生活話題。聊著聊著，說到昨天簽的那一支，本來要寫哪個號碼的，不然就中了。聊著聊著，說到大陸現在有一種酒，我喝著覺得口味很合。聊著聊著，大夥說要到千島湖旅遊，或說到可去柬埔寨或越南開放做生意，凡此之類，最後真弄到成行。現在你到世界頗多怪異角落仍會碰到國人同胞，你會發現皆不是你在台北街頭習見者，何也，南部人也。

南部，很少人在吃人頭路，他們是自己的主子。他們的工作或事業常是自己設想出來或創發出來的。張三或者自己有一家小的機件工廠，李四或者自己有一塊魚塭，王五或者自己有一家保麗龍杯盤的批發店。總之，他們不大托身於制式公司機關的辦公。當然，也沒有那麼多的公司，沒有那麼多的機關。

他們和親戚合營，或與鄉人共事。故南部人的事業及生活形態，是一種「地方」生態。

他們的金融，是農會金融。

他們的政治，是地方政治。是樁腳政治，是角頭政治。而不容易是個人獨立思維的法政見解。

嘉義公園中日據時代神社遺留的石獸

他們在讀報或看電視時，固是自己心思的運作，然面臨重大的政黨傾靠或是土地變賣或是金融投資時，則常習於採取村里群眾的共同取向。

他們的生活與政治可以說，很「傳銷」。

於是，中南部誠是「傳銷」的天堂。

倘有一種藥，我們在台北聽都沒聽過，而你在中南部不止一個朋友家裡見到有人在吃，你馬上知道是怎麼一回事了。

倘有一種狗，你見到中南部有人在養；或有一些蘭花，你見有不少人在栽植；凡此等等，你便知道中南部極為有趣的生活真諦。

中南部不少事物之流行，如根雕奇木，如泡茶，如大陸的五流古董，如水晶磁場治病，如健康自然提煉藥片，如皮膚保養膏液、如靜電磁床，太多太多，靠的是人跟人貼口相傳。未必像大城市是靠制式媒體廣告。

雲霧隨時升上的南橫

就像南部中型城鎮沒什麼人使用公車，他們自己負責自己的交通。太多的小鎮壓根沒幾輛計程車。若有，也不跳錶。

南部的人也不怎麼需要進電影院。他們負責自己的選片事務（租錄影帶）及觀影場所（自己家的電視機）。

假如說台北人也愈來愈少進電影院時，其實是台北這城市已愈來愈鄉村化或南部化。

且看台北人愈來愈減少乘公車的人口。且看台北人愈來愈習於開車往

南橫

南橫

郊區的「家樂福」、「萬客隆」去一次買回幾十包的衛生紙、香皂、洗衣粉等大宗屯積備用品這種村居習慣。

近年來，台北愈來愈多見有汽車停在路邊，冷氣開著，人躺在裡面睡覺。臺灣難道開始有「公路電影」文明了嗎？

前幾年，民權大橋猶算頗新時，每遇有颱風消息，便有不少車晚上停到橋上。他們有一覺醒來便車沉澤國的夢魘。

新的邊界或沒有邊界

從前以大甲溪（或大肚溪）分隔北部與下港的那套邊界，現在無所謂了。

搞不好現在的邊界指的是淡水河、新店溪與基隆河。

每年農曆新年那幾天，台北市頓時像個空城，市街上顯得清幽，台北人開著車，放眼所見處處是車位，要停哪就停哪。

原來是有大量的人返鄉過年。這些人，簡單而言，叫做「南部人」。

這個時段，被我們戲稱為「台北收復」，而平時則為「台北淪陷」。

花蓮林田山

源於土地之本色

南部，其實是臺灣的本色。

而這本色，由來於地上田園及心中田園的無限漫衍。

南部人對土地林野之直覺本能感受，使得他所發展培植出的「黑珍珠」蓮霧，他本能的讚美及珍惜，並極負自信的以之昂售。

他知道好的木材得來不易，故見有一塊奇狀樹根的茶几，會撫之敲之而後嘆道：「這塊柴，讚」。並且樂意在他的客廳擁有一件。然後在几上佈放紫砂茶壺，隨時泡茶。

當然好的樹根被雕成達摩像，也是他崇尚的

「藝術品」。

臺灣人對黑毛豬的豬肉及土雞的雞肉之堅決品味忠心，當然也說明了「土地孕育」之本能心念。

他善於運用林野，若有一段溪流可資利用，不囉嗦，先養上幾百頭鵝。

若有一處荒崗，看看擱著可惜，先養個幾十隻羊再說。

十六、七年前，曾在綠島見有人在養鹿。在荒僻的山坡小路開車，有時會聞得一股濃濃騷臭氣，接著便聽得狗吠，原來是有人在樹林後圍起籬來飼養成群猛犬。

南部人甚至娛樂也會選在林野中。有時在一

處荒涼的山樹叢密後突見賓士、ＢＭＷ等華車十輛八輛的聚停其間，很讓人懷疑彼處有一賭場。

這種農村式的娛樂活動，其實在三、五十年前，或甚至古代，便已然如此了。

農村林野的度日子情調，使得他樂意喝好的茶，用好的茶壺，吃優質的土雞肉，卻不甚在意穿什麼西洋時尚標準下的名牌。倘若容許，他樂意穿著拖鞋進一家高級飯館。

這是臺灣人的可愛一面。也因此臺灣沒有因階級而區隔的消費場所。最有錢的人可以和最窮的人在同一家餐廳吃飯，並且沒有非得穿西裝打領帶著皮鞋才能進的店。

臺灣的好處是，還有很多荒可以拓。

原來城鎮的邊緣及田野的村莊所充滿著的三合院或單排平面式農舍，近二十年來變成一幢幢的「透天厝」直箱狀樓房，突兀的聳立在農田中。為臺灣增加了無數瓷磚、白鐵皮貯水箱、鐵窗框架的耗用，也為新臺灣的人居景觀鑲嵌上另一個不朽五十年的必然容貌。

臺灣有那種第三世界仍具極多發創空間可能之肆意自由的高度快樂。

美濃

美濃的景，是，每天睜開眼都是圖畫。

中正湖之景的風意是，有一種中國戲台上劇情中的那份景色意義。很江南軟甜、唐祝文周感的。

東門城樓楹聯

（背面）

大啟文明

門前帶水環青美

樓外屏山積翠濃

祥迎福集

（正面）

浩氣開天地

文光耀古今

美濃東門城樓。其形制又有點像城門，又有點像戲台。

高雄

自強一路的小吃攤，有一「名都飲食店」，乾麵好吃，是白麵而非油麵，拌好薄薄油醬，擱三片白色薄的瘦肉片。湯有「魚皮湯」、「骨仔肉湯」等，頗見品味。

愛河夜景，仍很偉岸，是大城市應有的結構。但河西路旁樹蔭下頗多單身男子，這站站、那坐坐，停留不去，很像同性戀的落棲地。

大船正駛出旗津

高雄愛河

夜晚的小鎮

臺灣的鄉鎮隨著交通工具之極度便捷與自由——這主要說的是汽車及摩托車——，隨著城市與衛星城鎮之過度擴建，逐漸變得複雜化或荒漠化，於是日據時代與五、六十年代很嚴密與易於管理的戶口政策與社區安全查核，開始掛不住了。也於是這種時機的臺灣，有一點像是犯案者的天堂了。相信今日的臺灣已經可以編寫出好的、極富根實的警匪片的劇本了。

而社會人情之豐富化、怪態化，也已經是撰寫紮實偵探小說的好年代來臨了。

很多城鎮，你在夜晚驅車進入，大致的繞一圈，便可以感受到，這是一個平靜安全的小鎮，抑是一個蠻有些黑暗犯罪，可以配上些俗劣電影爵士樂的危機潛伏的城市。

黑色罪城，臺灣已開始有了。至少氣氛上，已有了。

我們的車，停在一家便利商店門口，買好飲料在車上邊喝

大甲。一棵大樹把馬路分成雙流

淡水紅毛城

邊研看地圖；十多分鐘的停留，只見一部又一部詭異疑雲的汽車不知從何處偷偷的滑進這個小鎮。

所謂詭異，是他們的開車滑行方式，很不像本鎮人應有的坦然。且不說他們的窗戶全是暗色、且不說他們的滑行速度有那種停停頓頓的一種東張西望、且不說他們的汽車型號很不本鎮感。

這些車，像是外地車。然而，何謂「外地」？我們的車，台北車，原是外地來的。

他們的車，顯然不是台北車；他們那種開法，使他們到任何城鎮都像是外地車。

我們稍停的小鎮，可以是彰化溪湖；而他們這些車，可以來自台中市，可以來自彰化芳苑，可以來自南投竹山，也可以來自左近的鹿港。隨他們。他們要開到哪裡就開到哪裡。

沒有城市，只有城郊

如今，臺灣愈來愈沒有鄉下了。同時城市也愈來愈不像傳統城市的意義了。

先是郊區被無限制的、很沒分寸的、極度蠻橫的假城鎮化的擴展，隨即造成城與鄉完全沒有矜持之間隔。故而墟集式的保齡球館、釣蝦場、綜合形夜市（有射飛鏢、套圈圈、打香腸、鹽酥蝦、三件一百元的小百貨……）被一一興設出來。而用的材質是臨時感極強的鐵皮屋頂、輕鋼架、塑膠篷布、移動式發電機……

農村公路邊開設的「阿公店」或KTV，既可以接待原本就是鄉村之人，也可以招徠不遠處的鎮上民眾。住在

鹿港龍山寺

三合院的農人本來就不再搞曬穀場上把酒話桑麻那一套消閒，故而與其到鎮上的KTV娛樂，何不在家門不遠處的店裡就近娛樂？

像保齡球，它幾乎是全臺灣最典型的「城郊娛樂」。即使在台北市內最最擁擠熱鬧的市區中之保齡球館，你看到的球客，全像是跨橋渡河過來的「城郊客」。

南管票友離去後的鹿港龍山寺午後空板凳

不為什麼，因為全臺灣的人逐漸城郊化了。

那種一輩子在台北廈門街、潮州街，台南永福路、大埔街，台中練武路、繼光街，每天只走不超過兩三條巷子便能過足日子的老市民生活情調已愈來愈成為少數，已經漸漸被取代了。

市民生活或市民階層始終沒有。雍容式的、或陋巷式的，或水泥叢林式的穩固城市文明或許一直沒有定形，於是人對城與鄉的概念一逕朦朧。

在地獄中行樂

人們對都市有一份隔著遠距離的好奇。雖然這些人們已不再住居鄉村。不知怎麼，他們總是覺得對都市陌生。甚至對他們而言，所謂都市，是半夜一點鐘還有燈火的地方。於是他們要在夜晚衝進都市，將之征服，然後呼嘯離去。進城喝酒，進城洗三溫暖，進城唱KTV等或許皆是。而最猛烈的，當然，是飆車。

飆車者有意在半睡半醒的夜晚喚起路人的注目或驚愕，以及騷響街後方未悉樓房中人們的不安。同時他們自己在快速行車中享受曲扭閃躲的刺激，也享受幾乎閃避不及後一髮之隙下慶幸逃生之快感。與其說他們追求速度感，不如說他們追求在十幾秒鐘裡完成的通過整條

200公尺的街道及街後車響聲可及處的人家之完全受他蹂躪式點閱的這種暴虐意趣。

臺灣，洋溢著湧動的發作力。幾乎令人想要用上一句陳語：充滿朝氣。

只是這股朝氣，常常發生在夜晚，常常如幽靈一般流奔出來。

廢毀的廠倉。近淡水途中，攝自捷運車上，看來不幾年即將不存

路標

臺灣各地公路的路標，仍舊很不明確。你跟著某一標示走，走了一陣，開始彷徨，到底應該右還是應該左？因為路標消失了。

至於地圖，更是別提了。有誰曾經純粹看地圖便能完全把臺灣旅行得四地通透的嗎？我相信很難。

外地人如我們，靠的是問路。不斷的問。

車行中

當地人則是靠記憶。他們即使走公路也像走他家後宅的田埂小路一般的熟門熟路。

窗外的雲

台中公園

台中市

台中人有一股對打點生命享受之強烈天真。故整個台中市二、三十年來即一絲絲顯呈出這種「風情」。他們對藝術之迷好，雖然未必深諳所謂的「藝術」。他們對設計、對服飾、對房子、對吃、對咖啡館、對「西洋」之念、對「蜜豆冰」及「泡沫紅茶」……等等的遐想，皆充滿著其天真的流露與發明。

臺灣有許多設施，但不少東西經過歲月，顯出一種新面貌，有時我們赫然發現，它們原來「台中化」了。泡沫紅茶固不在話下；像西點麵包店有些麵包弄成花式，我直覺想到的字是：台中式的！

有些女性議員盛裝出席議會，甚至戴上寬邊花俏的帽子，我直覺能找到的字眼是：台中式的。

台中人多夢想。故台中被稱為文化城。乃在台中人活在一塊舒適光朗的平疇大地上，陽光充足，綠樹飄灑，映著小川，和風拂面，故他的人生比較樂於去嚮往、去遐想美好。

台中市街。教人注目的中央書局

看一眼台中的樓宇之建築、店面之裝飾、浮雕之使用、咖啡館之開設、庭園之佈置、室內陳設之多變……便知台中人很愛表達他心中對所謂美、所謂藝術、所謂文化之濃烈認同。

人們去看宜蘭、去看嘉義，無法看到這類呈現。

並且，台中的「文化城」理念，也很現代、很新式的。相較之下，新竹雖被認為是文化之城，新竹是比較古樸的，比較村塾儒板的，比較如於梨華在六十年代所說的「比較中國」。

台中則比較西洋。它的日本式洋樓、它的二層樓老花園洋房，仍舊主導著人的視線。

泡沫紅茶

泡沫紅茶據說是台中的發明。八十年代的發明。隨即全臺灣各地蔚然成風。

它沒有揭櫫什麼開店的理論，然所有的店皆開成同樣的風貌。這不得不令人佩服。乃在眾心皆隱隱傾向這套依歸，而開創的人卻呼出了大夥的潛想。

且看凡泡沫紅茶店皆採開放門窗之空間概念。即使開冷氣，也儘量門窗不關。當然，最正統的，是開吊扇。

桌椅。多採用原木桌及藤椅（其實是沒靠背的藤凳）。乃求顏色淺淡，以不同於咖啡館之深褐沉凝。以透露出一絲鄉土感及「價格低廉」之意。為了達到這意念，牆上的餐牌往往用輕薄的松材原木來一片片釘上。

食物。大夥不約而同的同意用　A.厚片土司（有奶油、果醬、香蒜等口味）、　B.滷豆乾（擱一兩片酸菜）、　C.蘿蔔糕、　D.甜不辣、　E.豬血糕。

這些食物，他竟然想到集結出來，是很厲害的。因為A屬於西式，B屬於外省式麵攤，C則原本該留在廣東茶樓。D則是本土帶點和風。

更厲害的是，人人都樂意沿用，並且全省千家萬店行之成尚。

飲料。當然是泡沫紅茶最本質之所在。它用的是西式「雞尾酒」意念。以搖器（shaker）來撞擊紅茶與冰塊，製造出泡沫的效果，予人一種輕飄、除膩的爽脆口感。使三十年前臺灣小攤原就有的紅茶（像三十年前師大附中籃球場上的「良心紅茶」那種有黑糖泡製的口味）得以更精緻、更入口、更gentrified而賦予紅茶一個全新面貌。

也因shaker意念之高度發揚，各種口味皆有可取，如茉香綠茶、檸檬紅茶、百香紅茶、烏梅紅茶……等清爽類；而濃郁類，則有珍珠奶茶。這個「珍珠」，在於Q感，不知迷死多少香港人，於是香港也開了許多台式泡沫紅茶店，只是他們的店招上不叫「泡沫紅茶」，而叫「珍珠奶茶」店。

台中，是臺灣少有的城鎮當然已想到會把有些區段gentrified（新穎高尚化）的。像精明一街，多半城市沒有這種街區。

台中，當然，是泡沫紅茶的故鄉。而精明一街的露天茶座，很像歐美有些只供行人的名店街，夏天的晚上熱鬧非凡，令人夜深猶不願歸家。我們四個人，馮光遠、楊文仁、鄭在東和我在精明一街80號的「有名堂」各喝了一杯泡沫紅茶。

二水林先生廟近處

臺灣風格

臺灣風格，外觀即使浪漫，本質必然實用。

檳榔攤的玻璃櫃中塑膠製之一顆顆堆疊成山檳榔、水泉汩汩、間以修長檳榔樹三五株、樹影搖曳，這整片袖珍天地，乍看似與匆匆車經的買客不甚有關係；然而細去體察，才知絕不是空有浪漫；這片櫃中方寸所不落言詮提示出來的「清涼」之感、「甘冽」之味往往是招徠買客在匆匆一瞥下或會認定此攤所售必是幼齒。

近年來「檳榔西施」之設，更是有將真人洋娃娃化的置入玻璃箱中而供車行中人眼神遊移之趣。

有一種人，特別是在外頭跑跑的，頭髮燙得小捲，穿一種黑色底花斑襯衫，絲滑滑的質料，有時腳登白布鞋（為了矯健），多半時腳登皮鞋。假如可能，他樂意開Benz。當然BMW，也成。

其中他穿的服裝這一項，其實是某種群類對於美感之不約而漸趨一同之依歸。且看軍隊在休假時，士兵們所換上的便服指的就是這種style。你在介壽路，重慶南路二段，或愛國西路等大宅邸前所見著「便服」站崗之人，便是這種打扮。這種裝扮，你無法在時裝雜誌上見到，但卻是極度普遍的存在臺灣各大小城

民國四十一年建成的三義坤慶橋

鄉、各處山腳、公路的所有角落。它，才是臺灣各類年青人士（17—45歲）所遵循的穿戴標準形制。

他們頗愛抽一種牌子的香菸，「峰」，覺得很ㄆㄚ。

手錶，要戴勞力士的，而且是「滿天星」型。不知怎麼，他們愛極了這個字，滿—天—星，於是有一段時間，理髮店也叫「滿天星」，檳榔攤也叫「滿天星」……

我愈來愈發現，臺灣，是逐漸演變發展出來的，而不是規範定制出來的。人們用車如此，人們建屋、開山、挖田、攔車位、擺地攤皆如此。穿上拖鞋，拎個小包、握支大哥大，然後開部車，停在夜市攤前，吃點東西。他就是如此，而所有在南在北的臺灣人皆自然於如此。

公館鄉福基村的老診所

汽車旅館

是新型的臺灣設計。臺灣人有一種將西方某些東西經由自己的遐思式解讀而發明演變成一種「臺灣式的西式花樣」，如以前的ＭＴＶ（觀看錄影帶、L.D.之館），六、七十年代的西餐廳，及汽車旅館。

它的作法，其實是把加州新式屋子的車房（garage）那種建築形式挪過臺灣來用。也就是汽車停在樓下，人登樓而上，竟就是一間睡房，然後，它居然叫做「汽車旅館」。你真的輸給他。

東部的海

清水

往高美方向的三塊厝，那一片鄉野，田疇清美，光暈明麗，真是一處佳良所在。即使是土岡上的墳塋，也令人興起江南甜軟景致，毫不荒澀淒苦。

清水，筒仔米糕的故鄉，客運站附近的幾家老店，筒子一倒，圓筒形的米糕落下，頂端上全是肥肉丁，然後澆上白色醬汁，味道極美。

清水三塊厝

苑裡

凡有「天下路」「為公路」的，必然在苗栗縣境內。像苗栗市有，像苑裡鎮有。
苑裡，春聯特別發達。市區裡太多太多商號皆貼。顯然，有人專門在撰寫這事。

剪去千縷舊東西
修我一番新氣象
時代理髮廳

千金小姐美嬌艷
媚嫵髮式齊讚美
千媚髮型設計

豐富機材廠裡盈倉多應付
田中立業鄉間舉鎮喜扶持
金豐田鋼鐵企業有限公司

十二時辰運於掌上
大千世界皆在眼前
川田鐘錶行

鑫與財旺行動通信遍台島
芳苑名店無線電話利源長
鑫芳通信量販店

星光閃閃耀髮廊
河間滂沱發利市
星河髮型工作室

苑裡，盛產草帽。然現在市上的草帽，一頂一百多元，問他怎麼如此便宜，他說，大陸來的。

苗栗日據時代即以產柿子聞名。我們在福基村停車，想拍「福基診所」，結果買了一些柿餅。

苑裡鎮山腳村。當年會蓋教堂，顯示這一僻地生活悠適一斑

集集車站

員林

看一眼員林的公園，令人猜想昔年這個鎮必定頗受馴化。搞不好它有一點小台中的味況也說不定。

有一個石碑，「于故鄉長國楨紀念碑」，于右任題。這碑的形制，或可稱之為「民國式」的。一如碧潭「空軍公墓」的五十年代所蓋墳墓，墓牆墓碑築成梅瓣形，我亦稱之「民國式」。

「興賢書院」，殘破的古蹟，也在公園內。于右任在民四四、黃朝琴在民四五、謝東閔在民四六各有題聯。

員林公園中那種六十年代風格的「冰果室式」的咖啡廳

竹山

二十六年前，我們幾個高中孩子剛考完大專聯考，開始放暑假（這是我們人生第一次呼出一口氣的真正「大自由」時刻。那時，亦可說是世紀的一個大時刻，六十年代結束，七十年代開始。「山難」兩字，還沒有出現），坐火車往南部一處處的玩。有一晚在竹山，宿於一個同學家。這同學取出一疊厚棉被，每人發兩條，我們每人笑他，炎炎酷暑，開什麼玩笑！他一板正經的說：「等下你不要跟我搶。」到了半夜果真極寒，果真大夥把兩床棉被都蓋上了。

近年來，你夜宿南投這些山城，夏天晚上不會冷了。何也？樹林砍伐太過。

竹山客運站。
老城鎮總有一個「螺型」的客運站

埔里

埔里四近，有極多的寺廟及精舍。和尚們喝著鮮好的茶，也開始懂得吃雜糧饅頭全麥麵包。有的牆上還掛有范曾的畫。

老模樣的集集車站候車室

日月潭

在水里打電話，已訂不到日月潭教師會館，只好在當地找。找了一家「木屋」式的旅館。是西洋log cabin的蓋法，一根根大型原木拼組起來。夜晚室外已寒波處處，然進到房間卻是乾暖異常，想必是這木材的乾度極夠，自然釋放出一股暖意。

夜晚馬路上幾乎沒有人，我們閒走一會兒，突有一個阿巴桑叫住我們，「老師，你們來這裡玩噢？」原來她在馬路對面開店，看來她對任何人都先稱呼老師再說。我們原就是要找消夜吃，於是去吃了一盤炒飯，順便被她大力推銷買了一點日月潭茶葉。

日月潭

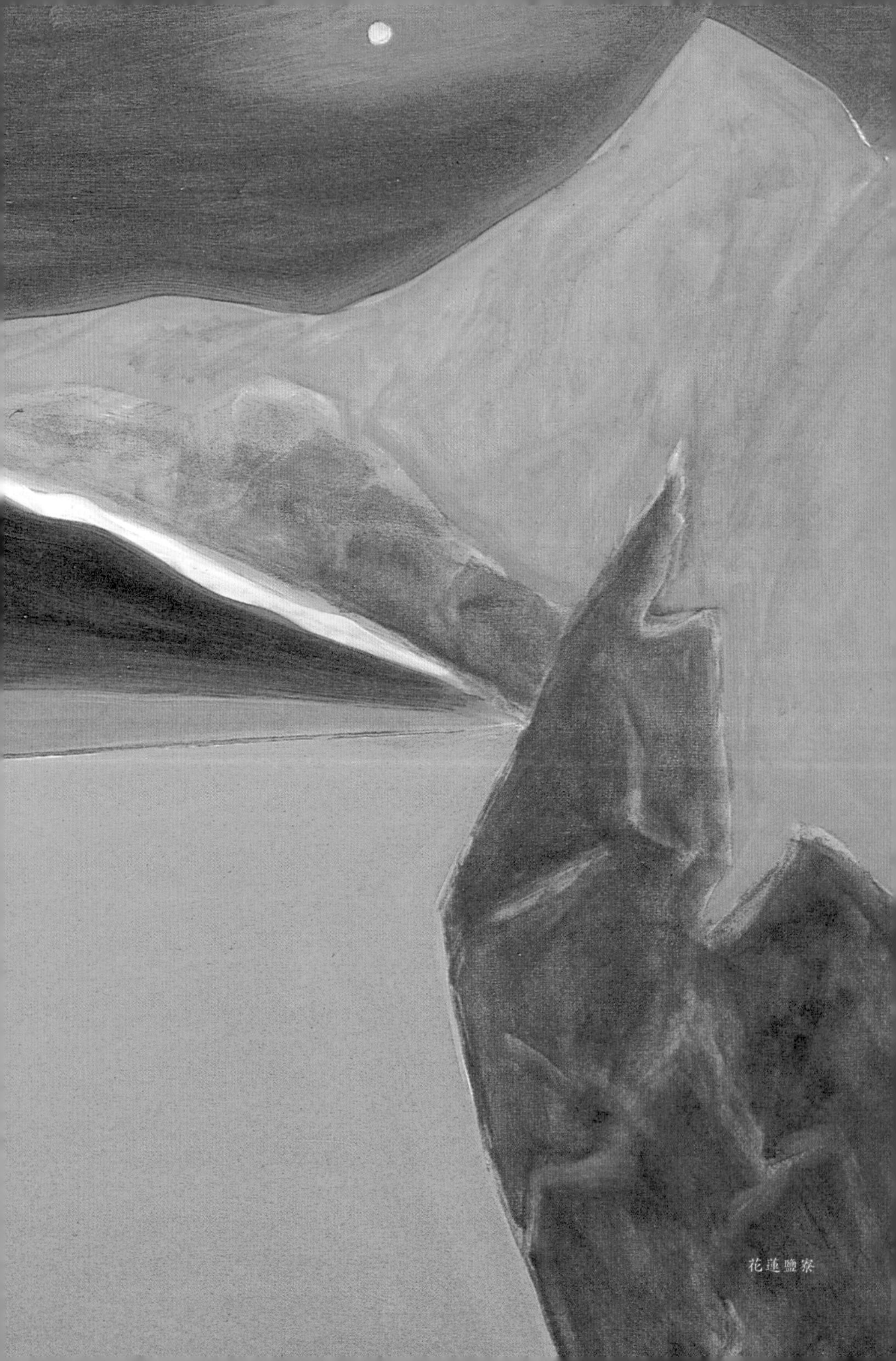

花蓮鹽寮

東部

東部，被視為臺灣最後一塊淨土。乃它人煙稀少、污染也少、栽植在淨土上的「池上米」使得全島短時間內開張了千百家「池上飯包」。它的空氣清爽，而陽光強烈，強烈到近乎灼人，使遊人很想待在車中去遠眺那綿延不盡的海岸及山脈，使居民很想待在屋內去遐想那延綿不盡的海岸及山脈。

這份外方人的遠眺與本地人的遐想，在某些年月裡，助長了一種叫「東部意識」的東西。

這「東部意識」，朦朧存在於為數未必多的長年根生本地的人，發想於應當不少的有意自外地遷去卻還未成行（不論是墾拓、是出家、是奉獻個才、是退休安居、是做嬉皮悠游、或是逃離原先塵囂）的人，實踐於一些為數仍然不多的近年才遷去的有志之士。

多半安居本鄉本土的東部人，只是每天過日子，沒有什麼東部意識。他們吃的蔬菜水果，未必在乎是有機者。他們送小孩上的學校，不怎麼考慮有否森林小學森林中學的優勢。

東部由於過度狹長，造成人的行，先天上就不能是圓圈式而必須是直線延長式。這造成它一來聚落不易凝聚及資源不易發揚，二來它的人民常在行旅中。

外地客自花蓮市過了壽豐、光復，再過了富里、台東，到了太麻里，這一路行去，是為當然，乃在他是遊覽。然東部人的行程也依然是如此，直線拉長，到了定點後，回程仍是直線拉長，一邊是山一邊是海的一路看回去。外地人一邊看山一邊看海，一趟旅程將東部的佳好整個收得。而本地人若翻來覆去只能看這些似乎有點划不來。

山轉溪迴的東部

一邊是山一邊是海的固成眼界，老實說不知會不會、不自禁造成常年居停此地之人美則美矣卻又單一的風光心思。

花蓮

花蓮的人口比例，據說，最為平均。本省人、外省人、客家人、原住民，每族群各占四分之一。

花蓮的市容，今日看來，已不太具有吸引力。它的老房子不夠多，它的街路起伏感與巷弄迴轉或土坡水渠之天然形勢，皆平淺庸碌之極。這是很可惜的。若有台北人想遷去東部，過一些清靜悠然並且美麗悅目的日子，可能要在花蓮市以外的地區去找。

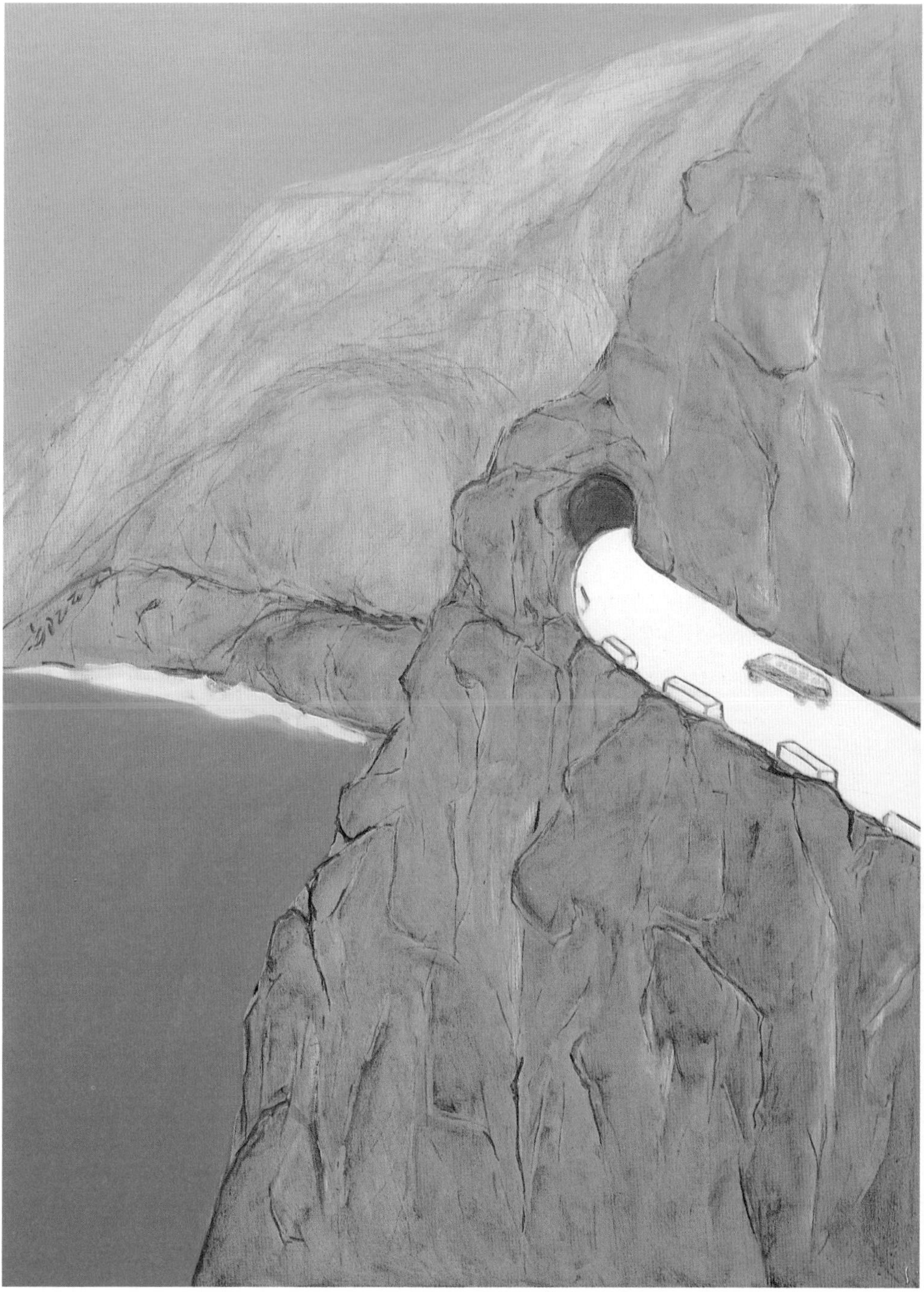

蘇花公路

基隆

基隆

基隆，做為一個台北人，我從小到大去過無數次，看著它多少風物經過無限滄桑，至今仍然很有感情。

三十多年前，它的運河上浮著滿排的原木，當地小孩踩在上面玩，我坐在三輪車上看了很新奇，卻馬上被誡，說昨天才有小孩一踩把兩根緊貼的大木踩分開，人掉了下去，隨即兩木合攏，小孩就此再沒有上來。

基隆鐵道

運河，幽美的城市勝景，加上河上的略呈拱弧的橋，是小小的基隆昔年最具風味又略含一絲淒美的特有色調。且不說它在雨中的那份清麗了。

當然，雨也造就了基隆的先天悲情。基隆的市民被海與山侷促的夾壓著，雨又陰陰的下著，使得人們的神情永遠是那麼的鬱鬱。

這十多年來雨開始少了，然而人們的鬱鬱神情仍然還在。

乃它的山與海緊夾之間的小民聚落委實不得不造成人們眉宇之緊蹙。

基隆港

它的山坡邊之起居生態，使基隆其實可以是暖暖、瑞芳、菁桐、雙溪、平溪等地一樣的窘迫，只是基隆在海港邊的幾條大道圈構成一塊如廣場般的雄奇，譬似昔年火車站前的「劉銘傳紀念碑」（是否現在變成了「民族救星」），那份景致，稱得上基隆的光耀地標。

近年來基隆之不堪入目，可以說是「人與天爭」而爭不過的典型例子。

基隆的日式木造房子很難保得住。昔日在延平巷的小坡迴上的日本房子必然已拆個乾淨。

忠一路面向海港的那一排西洋樓必然也被整成惡形惡狀。

三十多年前，我曾看過黑白國語片「寶蓮

燈」的那家「中央戲院」，記得座位有三層，我當時很驚訝，連台北的大戲院也頂多只有兩層。看來現在也未必存在。

小時候學校遠足會選的「中正公園」，是那種日式城市的高崗公園，頗具形勝；後來大佛建了以後，整個毀了。事實上，基隆整個毀了。

基隆原是個城市，有很好的公車路線（網）。然而現在人們不怎麼坐公車了。現在的基隆變得像是一個惡質化的衛星小鎮了。

中央戲院（在仁三路），建成三層，必然是地形有限，而非要故作豪華。因為「龍宮」（仁三路）「基隆」（愛一路）「高砂」（忠三路）的座位都比它多，而並沒建成三層。

這也可見基隆的與山爭地之開墾難況。

站在忠一路的海港邊抽菸，想消化一下適才廟口一攤攤吃下來的腹撐，在兩三根菸的工夫裡，有好幾輛客運車停站，只見凡下車的人沒有不帶包包的，或肩背或手拎；這是十分有趣的。難道說基隆人凡出門皆有長途行旅之況嗎？或是說：在基隆，每個人都像過客。

龜山島

老梅

七十年代台北青年最漫無跟腳、遊遊蕩蕩、不知何處是歸程的胡遊去處，如今多已不存；若有，便是老梅。

老梅在野柳與淡水之間，只是個小村。是荒涼、荒蕪、荒疏、荒澀的總集合。是少年一男一女摩托車不經意停下的一個權宜定點。是公路局很久才有一班車的海天邊際小村。

然它的海灘極有風味，不是用來游泳的，是用來毫無因由的閒步的。你總是發現這裡永遠只有你一個人，陪著微微的海風、

野柳

疏疏的防風林。若是坐在海灘後的小丘上，不論是看海、看沙、或遠遠俯看老梅村子聚落，竟是那麼的靜止不動。

老梅的主街，有一所小學、一個派出所、一家「青春理髮廳」。二十年前，皆是老式洗石子，十分幽靜沈寧。

主街兩旁的橫巷，穿進去，曲來彎去，壓根就像是義大利老電影中的沒落場景。說來有趣，我們會在自己家鄉的有些佳美荒景中看得或想像西方藝術電影中的相近景致。然而老梅從沒人在這裡拍過電影。

淡水老屋。二次世界大戰時飛機掃射的彈痕

在市鎮

一個個的都市、一個個的小鎮穿過，總要繞看個幾眼。然目力的焦點總是那幾樣景物。

西洋樓。那種老年代的成排商業樓宇。譬如鹿港的中山路、西螺的民族路、大溪的和平街、三峽的民權街。

老診所。老診所，往往遺留昔年鎮民生活的一抹悠然情調，並且將日據時代臺灣已粗具的西式城市文明得以表呈出來。如大甲的「建德醫院」（蔣公路79號）三峽的「愛林診所」（民權街48號）、竹山的「黃藥局」（原「黃小兒科」）、苗栗公館鄉福基村的「福基診所」。

竹山黃藥局

圓環。亦多見於臺灣城市，概出自日本人的規劃。此設計當源於西洋，甚而最早可溯及羅馬。但西方城鎮的圓環，似很暢達；而臺灣的圓環，不知怎的，令交通更顯拘拗。我從小看仁愛路圓環，總覺得不好走；後來到了台南民生圓環，亦覺得交通未顯流暢。但若在近處高樓俯瞰，倒是好景。

公園。因有公園，令城鎮著實不同於農村。從前小學的遠足，公園常是重要的目的地，台北孩子亦會迢迢去到基隆中正公園，去到桃園縣的大溪公園。臺灣各市的公園若能好好維護下去，令其野趣更擴，水泥建物更少，並增闢新園，則臺灣就更近寶島了。

夜市。白日即使遊山玩水，夜晚也想看看人煙。夜市是臺灣最俗世的呈現，亦是最充滿風土的有趣場景。看，便好了；吃，則不必太強求。

運河，或水渠。頗有幾十年，河渠，常是市鎮開發感到除之而後快的阻障，然現在城市中有河流該是何等的風華萬千。但已

東勢旅社的登樓轉角處之磨石子工藝

太遲了，豐原的水渠能再挖出來嗎？台北的能再挖出來嗎？

火車站。站旁的鐵軌風情，整齊的倉庫，前站與後站的文化差異……看火車站近處的歷史滄桑，最是叫人流連。

不僅僅看木造小站的那份旅途依依的孤獨安靜而已。

客運車站。我說了，市鎮的客運車站皆建成螺形。當然，為了轉一圈又開出的通暢。但客運車站的最大趣味，是像電影一般的畫面，即旅人的眾生相。學生、出外覓頭路的、軍人、探訪親戚的阿巴桑……等等，這些臨時演員，最是遊看臺灣時永遠不膩的好景。

小崗或舊神社。臺灣多山，但也惟有日本人深諳在山坡上循勢建出設施。探看舊神社，便可知道早年他們相地的原由。

小學。停下車，走進小學，常為了在樹下小坐，甚至打個盹。但小學常有一股空氣，安靜的空氣，像是遠離市集也遠離公

遠遠可見四株椰子樹的二水車站

路的無事感。也正因為這份安靜，有時看著他們打籃球，一看竟看上好久好久。

老橋。三峽的彎弧拱起的水泥橋，既有日據時代的西洋Art Moderne痕跡，又隱隱透露出馬上便要進入有祖師廟等的紅磚紅瓦老街了。臺灣市鎮相距近，然因有橋，便也顯出了分際。旅人正因目接較多，以是有那路途之感。

嘉義公園這座小橋也以水泥做成講究的弧形。
幾乎是三峽老橋的縮小版。

三峽

老外賣唱者

台北，很遺憾，沒有像樣的外地街頭歌手。

這些地下道的老外賣唱者，他們有沒有搞錯？竟會以為用這麼差的歌藝琴技與馬虎的賣唱形式，猶敢不覺差愧的冀望台北人往他們的吉他箱內丟錢。

他們倘若以為台北人的聆樂水平與台北的鄙陋落後城市外觀應該大致成正比，那他就錯了。

事實上，台北人聽音樂的水準，很早就很高了。

我不相信這些歌藝鄙陋的街頭歌手敢在紐約、巴黎、倫敦、柏林的街頭攤開琴箱唱歌要錢。因為人走出紐約哥倫布廣場的地鐵站或巴黎的盧森堡公園地鐵站或倫敦的皮卡底里圓環地鐵站或柏林Oranienburger Tor的地鐵站，才聽他唱了兩句，馬上忍不住笑了出來（即使略作遮掩），或是自語喃喃「oh，my god」，然而台北人不會。我在走經台大的地下道時聽過十幾次老外唱歌，沒有一次不爛，然沒有一次看過台北人笑他。大夥只是低著頭快步離開。

這是臺灣的可愛。

臺灣人在這方面還相當鄉土謙卑，並不懂太過個人意見化的飛揚跋扈。

台式小吃

台式小吃的特色，是家裡平日飯桌上不做的或做不來的。

像魚丸、貢丸、排骨酥、肉羹、肉圓、甜不辣、大腸灌米、筒仔米糕及甜食的芋圓、蕃薯圓、粉圓、愛玉、仙草等或揉練（如貢丸、愛玉），或絞碎後再成形（如甜不辣、肉羹），或需用大鍋油來炸（如蚵嗲、韭菜嗲、炸蕃薯簽）者。

故而這些食品，頗能透顯一絲fiesta（節慶）的意味。乃有一種於特別時段為儀式為賀節而特製之感。

另就是，它的調醬。

筒仔米糕澆什麼醬，燙骨仔肉拌什麼醬，鯊魚煙沾什麼醬，各有各的講究。

在竹山，什麼皆是竹，蒸餃裡包的，也是竹筍。

在埔里，菜裡常有「半天筍」（檳榔的嫩心）。

肉圓，在沙鹿，選「肉圓福」（豐原客運站後）吃，不錯。

進嘉義文化路夜市，見一家專賣炒鱔魚，殺好一落落生的鱔魚血淋淋的，店名叫「鬍鬚榮」，一吃，不錯。

鹽水，路邊常見「豬頭飯」招牌，不知是否是特產？

鹿港，菜市場裡的「林肉圓」，肉圓25元，丸仔湯15元，都好吃。

幾次全臺灣遊下來，吃過最好吃的牛肉，在北港。我指著鍋裡，問，「這是啥？」老板道：「滷肉。」意指紅燒。結果我們叫了一碟牛肉，各叫一碗白飯，味極美鮮。特別把地址記下來：大同路136號之4。

全臺灣最好的小吃，在彰化。人們早悉的或書上常提的肉圓、貓鼠麵等在此不用再贅，且提一家夜晚小攤，便是民族路「關帝廟前的老頭子」攤。他賣的大腸灌米、芥菜、脆花生米、切大腸、水煮筍，甚至清湯（免費）等，都做得極道地極好。

彰化另有一家很僻的小吃店，在福東街六之一號（彰南路旁），叫「阿安蚵仔煎炒菜」，炒蚵仔及炒各式小菜，皆很有模樣，好吃。

二十多年前到北港，媽祖廟前攤子有賣滷大腸和煎芋粿，芋粿在鐵板上煎黃了，便把鍋中早滷透的大腸夾上斬段，共上一盤。旁有蕃茄切盤的攤子，它的閩南發音不以日語tamato而曰「柑仔蜜」；一盤切好，別以為他會撒砂糖，非也，他澆上醬油膏，再撒些薑絲，便這麼吃。啊，南部。

一九九七年秋

中和圓通寺

以上《臺灣重遊》，初版於1997年，未幾售罄，轉眼十年飄過，今出新版，順勢將近年幾篇零稿加上附於116頁後，特此說明。

作者 2008年 春

雜寫

路名

注意各個鎮市的馬路如何起名，非常有趣。

新營有夏禹路、殷商路、周武路、隋唐路，顯示它當年地政局裡職員有信而好古之士。

台東地處邊關，昔年頗重防固，街名起勝利、強國、正義、精誠、光復等壯志蒿萊字眼，自是十分恰當；然它仍多援大陸省、市名做為街路名，一似台北，只是台東不但有武昌、漢口、長沙、開封等街外，尚有台北所沒有的咸陽街、臨潼街、與安慶街（當然台北有相同的懷寧街）。當然它的鐵花路與傳廣路，也是全省獨有的。

高雄的街路命名者，則似乎對吉祥倫理之念頗有留意，什麼一心、二聖、三多、四維、五福、六合、七賢、八德、九如、十全。

新竹的武昌街，是對等於文昌街而言的。不像別的城市的武昌街，常在漢口街旁邊。

奔流

臺灣的河流，從高山流到海裡，像是吃了利尿劑一樣，幾個鐘頭就急急的瀉進了海裡。

城鎮的形勢

在豐原的「廟東」吃完小吃，問店家，何處是豐原的老公園？她想了一想，說：「你往『公老坪』的方向去就對了。」

公老坪，在東郊，是中正公園及水源地所在處。顯然，豐原的固老形勢，由此看了出來。

如今是一九九七年，太多的城鎮早已看不出昔日何以成形的模樣，於是只有從山崗與溪流的形勢來揣想。

嘉義的中山公園，也在東郊，在山仔頂。再東行，有水源地，有蘭潭。

花蓮的美崙山，山坡有忠烈祠，自然是日據時的神社，一如豐原公老坪上的忠烈祠及嘉義公園的忠烈祠。

如今進入城鎮，樓房密佈，千頭萬緒，只好先看它的「靠山」。基隆的中正公園與高雄的壽山公園，都是大塊的山，改變又大，故不用去看；小的山坡，如新竹北埔的「秀巒公園」及山下的「金廣福公館」；如高雄旗山的中山公園，倒是易於載看載玩。

北埔金廣福公館

開車的天堂

臺灣，其實是開車者的天堂。

早上自台北出發，先北二高，再台三線，中午便可在東勢的「東勢牛肉店」（第三橫街19號）吃一頓各味牛肉料理的午餐。在此之前，是丘陵之旅。再走台21線到埔里，稍停稍玩。再南，至日月潭，傍晚抵水里。再走台16線向東，經民和，跨雙龍橋，抵雙龍，已是濁水溪的源頭，在這裡吃溫帶鱒魚，此地空氣之純淨，令全身三萬六千個毛孔為之暢開。這一段，則是大山高水之旅。

夜宿「聯勤水里招待所」（頂坎村頂坎巷一—七號）又是一個「木屋」式的旅店，人在大木之中，竟是安穩平定，一覺到天明。並且索價不貴，一千三百多，較之日月潭的木屋旅店便宜一半，與也是木屋的離嘉義義公園不遠的「加州商務汽車旅館」（大雅路二段256號）差不多便宜舒適。

在水里吃過午飯再走台21線，沿陳有蘭溪南下，先看「永興吊橋」，再往信義鄉看梅樹遍佈的梅坡梅山，所謂「風櫃斗」，再西行，走「綠色隧道」到集集，到名間，再到「中興新村」。這是一個大型的坡形的集合住宅，幾十年後的今天看見它，深秋午後樹木扶疏，矮牆短籬層層，好一處雅馴的住家之地，令人很想隨便走進一家坐下來打上幾圈麻將。

途徑草屯，在玉峰街92號前一株老樹下的攤子上吃一盤「蚵嗲」（此地叫「殼仔嗲」），極有特色。據說訣竅在於包覆韭菜的米漿必須用在來米磨成。

到霧峰，為了看林家花園，當然。

霧峰林家花園附近一家或是佃戶的土牆竹窗。雖顯清貧，卻素雅極矣。

然老宅子已沒啥可看。二十年前我跟中視導播余秉中去拍「芬芳寶島」紀錄片的《古厝》一集時，主景是彰化秀水的馬興村「陳益源老宅」，也順便拍了些霧峰林家的屋舍，看來那些好的景致只能勉強存在於軟片中了。

宅第沒得看，山景園林景或墳墓景若能一看應也不錯，但那被圍在明台家商的校區內，學校沒放學前，外人不准進入。

終來到台中市。喝杯庭園咖啡，悠閒的吃一頓晚飯，然後竟然真的在朋友家打了八圈麻將。

深夜二時，開始走中山高返回台北。

因開車，大半個臺灣在兩天一夜中便遊繞了一圈。

開車的天堂。

橋

臺灣山高水竄，未來相當有機會是一個「橋的博物館」，吊橋、石橋、鐵橋，或是什麼「三板橋」等等。然而好橋不易留存。沖掉了再建，形制隨你亂變。

自中橫的西邊門戶東勢向南往埔里走，取台21線，當跨過北港溪，有一座「糯米橋」，形制好看，被列為縣級古蹟。雖名「糯米」，實是石塊砌成，不知是不是橋柱表面石點麻麻如米粒故稱。

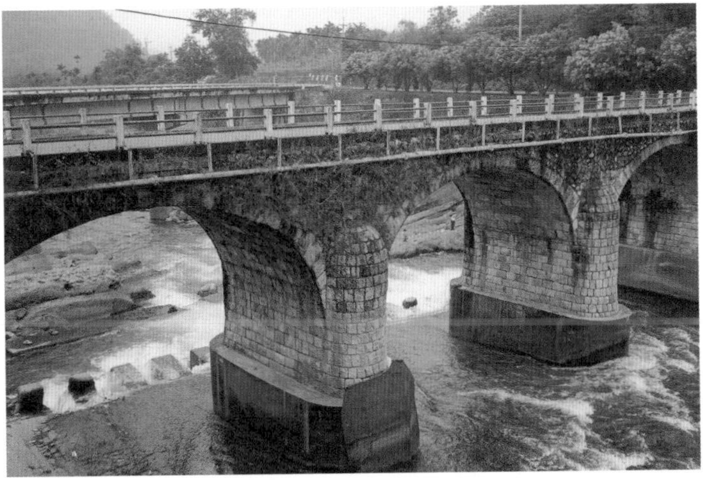
糯米橋

自台中回來如何避免塞車

一來怕塞車，二來也想玩玩風景。

自台中登上中山高不久，已感車潮洶湧，近大安溪時，只見遠處車陣如龍，正好可以遠遠賞看火炎山的黃土肌理，同時隱隱計畫選另一條路。

在三義下交流道，走130縣道向東。一路上，稱得上「霧中風景」，尤以「聖衡宮」近處，可以下車一觀小型的雲海。不久，下坡，接台三線，進入大湖，再經獅潭、三灣、峨眉，到北埔，吃一碗粄條，然後由竹東上北二高，返回台北。

台三線，如此好的一條山邊公路，永遠沒什麼車輛，風景清麗，車行也未必慢，竟然常成了我往返北中兩地的必要通衢。

碧潭

曾幾何時，皇帝殿、十八羅漢洞沒啥人去了，碧潭樂園早空置著任其毀壞，鸕鶿潭也已桑田滄海成了翡翠水庫，銀河洞許多人壓根沒聽過。

而碧潭還在。雖不紅，還有人去。

三十年前，男女二人划船潭上，技術不嫻，將水花濺得裙子溼透，只好一直徜徉岸邊，直到裙乾才敢回家。

新店，受東面山、西面河所夾，腹地絕窄。又因沒有傲人礦藏，無法發展成山城，一如九份。有的只是墳頭點點。文山中學後，高山直壓眉前，荒莽之極，當地小孩不乖，父母警以「後山有老虎」，不由他不信。事實上，後山的確有野猴子，在六十年代。後來人煙愈囂，徙走了。

碧潭

三十年前永和與新店之比較

永和沒有鐵路，新店有。

永和是河邊沙洲，沒有山。新店是水邊水壁所夾之谷，開門見山。

兩者皆既沒有很重的本省農村地方色彩，也沒有極重的外省眷村川湘辛辣，是本省與外省自然相融的極好例子。

兩者皆是台北少年舒散身心、流連不捨的最佳後院。只是永和這後院比較室內——彈子房與電影院，而新店這後院比較野外——碧潭與空軍公墓。

九份

約當一九七二或七三年時，我第一次被帶去九份。那時並不懂玩賞山城之美，是朋友說九份有北部難得的放映插片的戲院。那家戲院，便是「昇平戲院」。那段時期正好是全臺灣都在鬧「一元銅板荒」的時期（有流傳於坊間的說法是，匪諜刻意收集一麻袋一麻袋的銅板，再傾於海裡使全島金融停滯混亂云云）。在「昇平」票口買票，一張12元，你給他15元，他自票口遞出來一包花生，當做是3元找錢。於是戲院裡，人走在地上，全是咔拉咔拉的殼碎聲，而與銀幕上正在搬演的畫面配搭得極其怪異、極其超現實，令人啼笑皆非。

一九九八年一月

九份

幾本臺灣老遊記

書滿室窄，不時搬東移西，重新堆砌。見到舊書隨手翻，蹲看一陣，待要站起，已腿麻不能動。

翻看的是一些多年前陸續買自舊書肆的有關臺灣的舊指南、舊遊記。買時未必細讀，只意在聊備日後參考，時光荏苒，其實何曾參考過？這當兒蹲著讀來，竟也頗多有趣的今昔之概。

較早的一本是江西弋陽人江亢虎（1883—1954）的《臺游追紀》（1935年上海中華書局出版）。此書僅二萬字一小冊子，分成六十小題，語多精簡，作者謂「滯留三星期間，遍歷北中南各州都市，多識中日臺各界要人。攬勝觀光，席不暇煖。演說宴會，日必數起。」當時人口，「全臺人口約近五百萬，而漢人居四百七十萬。……割讓之始，日本准以兩年為猶豫期間，聽居民自決去留之計。兩年之後，未移出者，一律登記為日本籍民。嗣後中國人入臺，必須請領護照，即今日之華僑也，其人數不過六萬。」而江亢虎這次赴臺也是先在廈門辦妥護照。

由於江氏是江西人，他特別注意到一件事：「臺灣華僑除閩粵浙外，間有贛省人，聞總數亦不下千餘，皆勞動階級。……同鄉上等者多業售高麗參，下等者多業修補雨傘、鋸釘瓷器，且十之八九屬樂安縣籍。又遇江姓者數人，詢知亦自閩粵移來，多淮陽郡，少濟陽郡。」

接著是一本《三台遊賞錄》，1953年高雄大眾書局出版。作者「味橄」，是錢歌川的筆名。此書共收22篇文章，六萬多字，記錄不少四十年代末的臺灣情景，特別是從大陸風土的感受下之所見，譬如對鳳凰木（Flame of the Forest）之鮮紅如血、燦爛如火的讚賞不絕；對曇花乍開之無比珍惜；對臺灣全島「無處不綠」之細微描繪；對「臺灣三多」——蚊子多、壁虎多、蝸牛多——之意趣橫生描寫。

書中還提到英國大文豪威爾斯（H.G. Wells）在1912年來過臺灣。「由台北乘火車經台中及二水而至集集。然後捨車徒步，經番子寮及龜子頭，渡陳有蘭溪，直向高達一萬尺以上的巒大山而去。」「所謂阿里山五木，就是威爾斯來此選定的。至今紅檜、油杉、亞杉、香杉、肖楠，仍為世界稀有的五種良材。」

另有黃得時《臺灣遊記》（1967年商務印書館出版），敘六十年代中期所見之臺灣。那時「再春游泳池」、「兒童戲院」（今峨眉停車場）已有，而「美都麗」戲院已改建成「國賓」。且「中華商場」已完成，長1171公尺，有商店1644間。而台北市人口有116萬，較二十年前光復時的35萬多出好

斗六吳秀才家中的老式上海三輪車

幾倍。那時的基隆，一年平均有214天下雨；大概已非今日基隆小孩所能想像。

黃氏書中最引我興趣者有二：一是雲林的土庫，「是本省現存的最古街市。這裡的街路房屋都保持十九世紀臺灣的色彩，素來被美術家、歷史家所珍視。」說來可惜，我曾多次遊經雲林，當兵時也曾在斗六待過二個月，斗南、莿桐、北港、西螺皆遊過，也曾到口湖鄉拍片，卻從來沒到過土庫，可惜。不知今日是何模樣？

二是「台南擔仔麵」。黃氏謂：「原來所謂『擔仔麵』就是『乾拌麵』，用麻醬、花生粉、肉醬、芫荽和一些特製的沙茶油，一股腦的澆在煮好的麵條上，還加上味精、醬油、蒜、糖醋等等的配料。」這竟然與我們平日所吃湯的「擔仔麵」如此不同。

錢桐蓀《西南紀行》（1952年正中書局出版），主要記抗戰時輾轉西南之生活種種，臺灣只占一章，故提綱挈領，簡潔生動。「家戶都備腳踏車，騎術堪稱獨步。人力車車身特高，乘客軒昂過市。」「路旁築溝，疏通積水」。「蔬菜都加包紮，付值後輒致謝。」「街頭多賣唱者，琴歌一曲，音調悽愴。」「民都赤足穿木屐，上街屐跟拖地之聲充耳。……機關商行都雇女服務生，服裝入時，閒來搽粉點脂，風姿綽約。」即此一斑，可看出廣見大陸風土之士在四十年代末期眼中的臺灣。

一九九九年 六月十日

花蓮一瞥

花蓮，對太多人而言，是一塊心中的後院。那塊地方遙遠，不緊貼你的呼吸；那塊地方緩慢，不催趕你的效率；但最主要的，那塊地方空淡。

花蓮是全臺灣各縣各鄉裡最不顯地方色彩、最沒有本鄉濃濁氣味的一塊天縱之地。所以說它空淡。

且看它的節慶廟會沒有南部或西海岸的繁文縟節，甚至還沒有北鄰的宜蘭那麼的講求計較。且看它街上的房子建築形式沒有蓋得那麼傳統板眼嚴整森然，人們的住，不太受老形制之約束；也於是六、七十年下來，花蓮人對生活之擺布、對家園及周遭設施也就頗輕鬆淡然，絕不會有台中人那份成熟的美感中之精益求精。

即使花蓮吃景也很隨和；曾有所謂「花蓮小吃」嗎？可說沒有。花蓮人隨和到連吃也不強求一種花蓮之特殊堅持。它頂多學一個形似便好，既不想開創發明，也不想改良或發揚光大。你去看它的幾十家泡沫紅茶店、看它的咖啡店，其口味總弄得尋常便好，沒特別去騷包變花樣。且看它的牛肉麵（或筒仔米糕、肉圓），絕對弄得不像道地的牛肉麵（因無堅實的傳統板眼），也不像經過巧思改良後的新派牛肉麵（因無挑剔的行家老饕群天天等著店家挖空心思）。

花蓮海邊

它的吃，也是外地傳來的吃，並打著什麼「台南阿忠虱目魚粥）（信義街七十三號）、「蘭陽米粉羹」（中正路二八四號，大同市場對面）之類的外地字號。而花蓮人不介意。花蓮人自己到了台北、台中、高雄等通都大邑，也不特別設立店號叫花蓮這個、花蓮那個。花蓮仍是很粗疏、很草萊的心胸，不會把事物弄成很專究蘊底的完完善善之設施。花蓮人不會。

花蓮原本應是一處天堂；陽光如火，人們在午後二時的強光下自馬路上不約而同的突然消失，令一座城頓時像是空城，令一條條柏油馬路只是空盪盪的閃著亮光，就像是打好了光準備要拍電影。大馬路上的加油站沒啥車子進來加油，站裡的小弟小妹在那裡打鬧嬉戲，怎不閒得教人發慌，有的熬不住了，打起瞌睡，無憂無事。到了四點半、五點，人們又開始熱絡的在馬路上湧了出來，享受和風醇暢的黃昏。

它的山海天然是如此的顯明，而它的人文風化又是如此的不著深痕，令其民完全活在沒有包袱的一塊新地上，何等輕爽自在！

隨處見得到一縷邊塞風情，予人頗有不受拘管的某一份海天自由。泥衣垢面的原住民勞力者坐在豆漿店裡吃著北方麵食。白髮老榮民騎著滿載磨刀磨鋤頭機具的摩托車，在城鄉之交緩緩經過。馬路上躺著零散的欖仁樹大葉。

花蓮的牆面

火車站與飛機場，往往可見有身孕的少女，服役的軍人，信心滿滿的尼姑，盛裝要出遠門的原住民女子，文化中心請來的文學傳播者等等。

兩個女人相戀，來到這裡，應就是來到天堂。在這裡，社會的約束比較不顯，宗法禮教雖有，但疏空處也頗有。

花蓮的媽媽們有一襲說不出的自由天真，乃她們不似台南媳婦、宜蘭媳婦那樣舊家規循起來的。她們摩托車騎得比別處多，也比別處怡然。她們瀟灑的打扮自己，卻又不像台中媽媽那麼刻意飾麗。她們自由的學跳舞、學吃素，或只是把話說得很有新意。

雖同處東海岸，花蓮和宜蘭，先天上極為不同。

宜蘭，在生態上與精神上，實屬人與天爭的北部，一如瑞芳、九份、菁桐、雙溪、基隆。

花蓮，生態及精神上，則是與天浮沉的南部，一如台東、恆春、四重溪、枋寮、三地門或六龜。

宜蘭總予人「慘澹經營」之感。花蓮則非是。它不特別經營。花蓮只像是寄寓在山海間，這多年來對田野的奈何總是有限。它的家園也馬虎，譬如陽光灼人，應有極多華南式厚牆小窗陰暗房宅，然它未必有。

花蓮人固也愛他們的鄉土，但絕不據鄉排外，他們不介意把自己也弄得像外人。且泛看花蓮一眼，處處充滿外地景、外地人、外地感。譬似人來到這裡，是調派來的，役期到了，便要回去。不管是電力公司，不管是林務局，不管是港務局，不管是水泥廠，或不管是教師、出家人、老榮民、軍人、原住民、逃家的少年少女、私奔的情侶等。

故而那些書店，像是給出差人買些地圖信紙的；那些刻印店，像是給外地人印些名片的；「德利」的豆乾、白梅，與「曾記」的麻糬像是給匆匆過客買了上火車的。

於是，花蓮的設施，總顯得不永恆。它的橋，隨時等著再建。它的木屋，隨時找尋改建的時機而不是不停的刻意整修或拉皮美容。

花蓮，還是那句話，空淡。我每次只能淡淡的看它一眼，竟然從不厭煩。

一九九九年十月十四日

西螺大橋

西螺大橋

終也只是一瞥的彰化

壹

我每次都是匆匆經過。

從來沒法好好停下來看一眼這個市鎮。

雖然不知什麼緣故，我想它似乎是很符合我應該會極想探索的那種城市。

譬如說它有一座城市小山，八卦山，不高，僅達九十七公尺，卻綠蓊霞蔚，佳氣蔥蒙。然它卻大半是平疇，河流也不甚顯；這種既有莽山又有軟原的市鎮，生活必然過得較好。譬如說它有大方開闔的城市路巷，卻又不空泛；尤以里弄盡頭，阡陌交會之處，常有一座小庵小廟，透顯出它在古時便已是人煙稠密的佳良居處。民權路八十七巷的受天宮，斜凹入巷內，空地上一株大樹，便是典型。南瑤路的鎮南宮是，陽明街的「十八英雄公廟」是，永興街、中華路、永樂街三條交叉處的福德祠亦是。中華路民族路口，如在路沖上的開元寺當然不在話下，我多年來每次在民族路上的關帝廟正前小攤吃消夜皆會車行瞥見這形制出色、地位獨特的開元寺，印象深刻。不是太多城市可以有寺廟建在那麼有把握、那麼篤定的位置上的。

彰化這類以小庵小廟構成的古幽角落太多了，有引人尋覓之難以言傳魅力，然我從來都是匆匆經過。

也不曾看過什麼文章讀過什麼書籍特別談到這城市，但相信這裡昔人必頗有著墨。乃我那麼多次的粗略一瞥下所見的這城市顯然比太多的臺灣市鎮有味道。當可想像它在清末必已很有模樣（它的孔廟足與台南孔廟相埒，遠勝台北孔廟，只是近年之修整將十年前的古意盎然弄到不見矣）。亦可想像日據的後期可能已更豐富多樣（八卦山腳絕不會不覓一好所在建造神社。火車站必設計佳良）。又光復之初大約仍能看到很多，甚至三十年前我高中畢業後暑期環島旅行初見它時應也是極還可以徜徉賞看的一番形容才是。

然而即使今日的破壞至此、改建拆除至此，仍能見出此一抹彼一襲猶可引人尋味的古幽蛛絲馬跡。

這便是我委實不該在這十年（返臺轉眼竟已十年！）裡每次皆匆匆經過而不好好一停的道理。

我每次停此，為了吃。乃彰化市的台式小吃應可稱全台第一。吃前的尋店覓肆及吃後的閒閒離去，造成我獲得這城市的粗略印象。開元寺在車行間見過多次，從來不曾進去，即停下車來稍作張望也沒有。

貳

這次，文藝營安排我住一晚，總該稍稍看一眼彰化吧，我想。

八月十八，抵彰化已深夜十二點，check in「臺灣大飯店」，先不忙進房間，詢經理有何有名本地小吃。他說此地對面永興街上有「碗粿」，就在「八卦算命」隔壁，但這麼晚不開了。我說我知道，又問關帝廟怎麼去。他說，不用開車，走路便可，那裡深夜還有吃的。我道

老西洋樓。　西螺

了謝，隨即散步行去。

關帝廟前那家老頭子攤子（糯米大腸、煮炒芥菜、乾炒花生米、筍湯、煎魚、水滷大腸等皆烹調極細膩清淡有品味，是頗多小菜的一個小攤子，開了幾十年，然老闆已太老，常感到有些做不動）沒有開。鄰攤說近來開少而休多。我近兩年早知如此，亦不驚訝。

只好再向北走幾步，在民族路與永樂街口，找了一個看來還豐富的賣小菜又賣爌肉飯的攤子，點爌肉飯、一尾小黃魚、一碟筍絲、及豬血湯。十分鐘後，吃完，味道也不錯，費一百一十元。倘不吃這一頓，彰化這難得的一晚如同浪費。爌肉飯，我稱它為彰化的「市吃」。人人在吃，隨時在吃，隨處可吃。彰化人騎著車、開著車突的一停，往長凳一坐，對著店家叫：「飯一個」，這飯指的就是爌肉飯。可見爌肉飯的攤肆多普遍。「爌」，有的寫成「焢」，皆只能從字音來揣寫而成，字典未必有，電腦字體亦可能需要結合部首新造。

儘管外人盛稱彰化的名吃如肉圓、貓鼠麵這類四十年的經典食目或蛤仔麵（或蚌麵）這類二十年的新參旁項，甚至碗粿這款又古老（何止四五十年）卻又偏窄（未必大大揚威）的村家簡吃；但彰化老百姓最多吃、普吃、每日必最先想到去吃的，是爌肉飯。早餐就開始吃，不覺其膩。中飯晚飯更是攤攤在吃。消夜亦是。

吃是吃完了，沿著永樂街向西走，東張西望，總覺得還應該有些什麼可以考察的，中華路上見有燈光，過去一看，見一家高聳光亮的泡沫紅茶店，叫「鶴崗總部」，大而空蕩，像是很適合小型搖滾演唱的場地，對面是「彰化基督教會」，約是六十年代的洗石子建築。夜深異鄉無事，叫了一杯咖啡，選戶外位子坐下，看著教堂上方一輪月亮，耳際恰好傳來店內在放的Moonlight in Vermont。

一點十分，返回旅館。

參

八月十九日。早上五點，多半我還未睡，有時我已醒來。今天自是前者。一來住旅館，異鄉新奇，未必說睡著便睡著；二來房裡有cable電視，不囉唆，連看兩部好萊塢片（一部金．哈克曼與Anne Archer合演，一部則是凱文．史貝西與金．貝辛格合演）。既已天亮，索性到外頭晃晃。

開著車，青山在望，便向山邊去。取道公園路，路頭的「河洛茶館」（公園路一段八號）及旁邊的「基督教浸信會」（十號）猶有老鎮佳美角落之舊況，然這類景致永遠只得之於倏忽一瞥。剛跨過東民街，見一巍峨日式木造大殿，略有昔年「武道館」景況，匾額書「忠烈祠」，門前幾株參天的木麻黃，背倚青山，南國風情兼襯東洋黑瓦木

三義坤慶橋

廓，自也是我們從小看慣的四、五十年前臺灣各地城鎮必然幽幽流出的戚戚魅魅之難以名狀的日本獨有淒楚。幼年慣見，及長不管再於何處看到，皆必不能自已。

殿前稍站，見門口有兩人席地熟睡。窗旁張望，見裡面鋪著榻榻米，難道讓人練柔道乎？

旭光路與公園路交口的那幢瓦頂的二樓花園洋房（緊貼東興醫院），是好的彰化住居樣子。

公園路直往上登，愈爬愈高，涼風入窗，醒人口鼻。翻過山，向右一拐，過華陽公園及保四總隊，便上了南郭路。心想，當年是何人取這路名？

彰化高商對面，見一家早點店（南郭路一段309號）人影晃動，人煙沸騰，原來店家正忙著傾倒籠中蒸熟的包子，而門前站著四、五人等著買了帶走。此店沒有座位，只讓人外買。又賣豆漿，又賣水煎包，又賣蒸的包子、饅頭。不少人是幾十個幾十個的買。我亦買一個韭菜煎包、一個肉包，偌大個頭，問多少錢？答五元。竟是這樣的物價！這便是彰化之優勢，即村家生態也。台中市樂群街那家包子店，一個包子賣二十五元，此何者？大都會心思也。

南郭路下到彰中橋，跨龍泉溪，在約一百四十五巷口，見棚子下有一肆，叫「黑猴麵」。名字奇特，看來不能不小坐考察。此時六點三十分，已是高朋滿座。我也叫了一碗，看看究竟是怎麼一個黑猴法。原來只是切仔麵，澆上滷肉末及大把的韭菜與豆芽菜，頗稱油腴，卻也酣暢爽口。一大早，彰化人照樣油呼呼的大口吃下，足見彰化人不怕吃，也喜歡肆情、過癮的吃。「黑猴」字義，顯然不是指麵的模樣，是否為老闆綽號，無意詢出。

街上常見「埔里礦泉水」的招牌，且不少售賣「逆滲透」淨水系統之店。難道此地人特別重視飲水？

見一路名，陳稜路，便停下車，有意一逛。這路名，多年前即見過，亦知是彰化獨有之路名，但不知陳稜是人名或事物名，今日大清早也不急著逢人就問。

與長安街交口處，各有一家肉圓店，「阿璋肉圓」與「六十年正彰化肉圓」，據說皆極有名，此時還打著烊，正好，我原本不是肉圓迷。

沿陳稜路向東走，見一店「天廬」，招牌上副題「粥棧茶店」。又一店，「高茶鋪」，副題TEA & FOOD，簡潔有力，不錯。

在成功路上，「城中大戲院」對面，見一老模樣小店，「成功路阿泉焢肉飯」，店堂微深，如有前庭後廳，早上八點，客人站起坐下，絡繹不絕。看來這一下麻煩了，不坐下是不行了。但肚子仍頗充實，終還是叫了丸子米粉及蚵仔湯，味道不錯。這店全由四五位阿巴桑操持，動作俐落。櫃櫥上放的骨仔肉（由骨頭邊剔下的零星肉片）及客人碗裡的焢肉，看來皆地道。此店只開早上，至中午一點半為止。

見一紅色廟牆，木樑穿出，當是老年物，尋到正門，乃「元清觀」，想古時必頗有規模。踏進，院中石柱上刻有楹聯，且錄三副：

1.日月星辰繫焉
江淮河漢是也

2.可以久則久
莫之為而為

3.不可階而升也
因其材而篤焉

十分有趣的文義，頗富遊戲心念。當年彰化的文人究是何樣的情態與生活？

這種疑問，洪棄生（洪炎秋之父）等清末文人必能解答。

臨出門，見門裡一匾，咸豐年間之物，題「得一以清」。

元清觀的馬路對過，騎樓下有賣清粥小菜，五六張桌子攤開，吃的人怡然自得，但我不能再吃了，突見有人在騎樓下搭起畫架畫畫，是一穿著背心、拖鞋的老年人，也就是說，本地人的自家門口消遣生活。

彰化是那種即使在攝氏三十五度的炎日坐在樹下或街角仍令人感到怡悅的充滿佳氣的老鎮。

其實人在北溫帶清冷的公園散步，或是在亞熱帶的樹下閒坐，雖然前者瑟縮不已，後者揮汗難耐，皆仍然可以有其天然的舒泰；只有在台北這樣一個很人工又很沒有天然佳氣卻自以為很富設計、很多冷氣設施的城市，最是使人無法感受自然界的呼喚，這是很可悲的。

向東再走，在陳稜路與永福街交口，四個角角上俱有一家泡沫紅茶店。我心想，可以稱它為「紅茶junction」。台中一般被認為是泡沫紅茶的故鄉，約二十年的歷史，但亦有人謂，當時開創者中原也有自彰化施行起之說法。

永福路十四號，有「王成源家庭用品店」，紅紙門聯以工整楷書寫就，極少見，亦極好：

成品不時之需取攜甚便

源貨凡物皆備價值無欺

或許有人注意到了：我頗喜歡留心商店或住家的對聯。的確。主要這種手寫的字體，很醒目，我一眼就瞧見了。另外，市鎮上有人專心在工此種舊日文藝，也引起我探看的興趣。

孔廟已入眼簾，孔門路上門前一石碑，兼刻漢文滿文：「文武官員軍民人等至此下馬」。

彰化孔廟，原為一級古蹟，今日入內一看，三分鐘後便出來了。慘不忍睹。

又逛進巷子裡。陳稜路三巷，有一整排三樓的排屋式公寓，每一家皆順著彎巷之勢斜斜凸出屋牆，以利採光也產生層次，頗有致。

永福街向北，看一眼六十八巷的鎮東宮。彰化市離海不算太遠，昔年因海而祠之廟當亦不少。

近彰化女中，見一店，騎樓寬敞，叫「永福爌肉飯永福切仔麵」（永福街八十號），也想歇歇腳，便坐下，叫一碗丸子湯。此處氣氛頗舒服，眼睛所及的周遭亦好看。丸子湯端上，共二顆，一貢丸、一蝦色丸中纏有花枝條，不錯。

彰化小吃中，各物俱維持傳統板眼，該有的手工猶有。只說一點，像台北上百上千攤自工廠批來的甜不辣店，在彰化見不到。略坐無事，見牆上執照牌，原來這主人名字也叫鄧永福。

逛上長興街，見一家「黑盒子畫廊兼咖啡店」，還未開門，外觀頗炫。

中民街近中正路，見到「賴和紀念館」。

走上長壽街，一百一十號及一百二十八號是兩家緊臨的大型日本宅子，極見昔時壯觀寧靜之況。

再拐入長壽街一百三十六巷，見五號等一群四樓公寓所圍起之院，院中一株巨大鳳凰木及一株榕樹，實是老公寓之好模樣。

要我住彰化，我願選擇住此屋。

行至與成功路交口處，見路口兩家pub隔街而開，一家叫「Roxy胖弟Ⅱ店」，一家叫「鶴崗總部」，這時有一輛賓士停下，一個年輕人走下，往「鶴崗」旁一家暗陰陰的小店走進，原來是一家招牌非常小的老式吃店。此時不過早上十點多，我已一肚子東西，但直覺告訴我不能不進去。

原來又是一家賣爌肉飯的早飯小店，從早上只開到剛過中午便收。我只點了肉羹湯。它的肉羹是全瘦肉條外裹極薄魚漿的那種，且湯汁並不勾芡，最合我意。湯中亦有剝下的筍殼嫩片，清新可人，付錢時，十五元。牆上有人送一幅裱過框的字：

㊟ 老練巧製爌肉妙
店中雅潔遠飄香

難道店名便叫「朱老店」嗎？

地址是成功路三百二十九號。

這時已近十一時，中午還該在彰化師大集合，又要在十二點前退房，實在該往回走了，突然一眼瞥見「杉行碗粿」，就在斜對面，索性再作今晨最後一項考察。

它的碗粿調好，客人得自己端。見原本與碗口齊平的粿，被挖凹了一弦，將這弦翻擱在粿原上，那凹下的槽用以盛蘸醬。上層的粿被吃至一程度，碗底露出香菇肉餅，煞是特別，煞是好吃。看來亦是名店；持著平日淺吃小店習慣，不敢多向老闆打聽，免得擾人，亦免自受歷史或名氣影響品味之公允。

然這「杉行」二字實在令我咀嚼，難道說昔年是杉木行做工之人團聚而吃之地？

肆

一個早上過去，我看到的彰化，還只是這麼多。弄來弄去，我停此逛此，竟又是吃。或許它是那種我永遠還不想不急把它看完看清的一個城鎮。

二〇〇〇年九月

彰化芳苑

嘉義公園

我在嘉義散步

全臺灣最有意思的城市，有可能是嘉義。有意思，怎麼說呢？一來它自古（清朝末年。或日治中期）已是城市，但直到今日它在臺灣城市的排名居然只是第十三大，也就是說，是個頗小頗小的城市。這造成它可愛卻又宜人的尺寸。二來它稱得上「城市山林」，與它南面不遠處的台南之無山相比，是多麼可貴；於是嘉義自東緣高山（阿里山山腳）與水源（蘭潭）等襲來的林野佳氣，令嘉義總是與大自然不太遠。三來嘉義城中心小吃頗佳，有老城的風範，不像台中偌大一市卻覓吃不易。四來，也是我最感著迷的，是嘉義街巷

嘉義公園的鳥屋

中房舍之老舊嬌小且充滿生活風情，加以改建較慢，三、四十年代至七十年代的建築留存最多，是我所謂「電影劇情的場景」最豐富的城市。

故我總愛一次又一次的來嘉義，停留半天，或過它一晚，在街巷中東張西望，看屋舍，看窗台人聲，看窄梯小樓，看深巷破牆……，然後遐想五十年代一個教書匠推著腳踏車，轉過巷口，與一個賣豆花的擔子，擦身而過……，而耳間依稀聽到瞎眼按摩人傳來幽幽的笛聲。

然而嘉義散步，不是那麼容易。乃它一年中日曬的時間太長，人在烈日下走不了太久：故我從不見有人談嘉義散步之書作。

嘉義散步只能在冬季（深秋有時都不可能）。也就是說，一年中不過兩個月左右。像現在，便是佳時。有時若遇小雨，或打傘或不打傘，更有風情。

既是散步，幅員不宜太廣。嘉義的市中心，不妨西面以鐵路為邊界，東以中山公園，南以垂楊路，北以林森西、東路各為邊界，如此圍起來的一塊地方，便在其中的南北向二十多條、東西向十多條此種阡陌裡游移。

京都有所謂的散步路線，但嘉義市不易特別勾出三、五條完整的「有景」路線；必須走較長的段落，然後撞上一兩個趣景，但於我已極過癮了。我的方法是，信步由之，主要先取小路，如西向東，不走中山路，走北榮街，走上一段，遇成仁街（也是小路），再南行，遇光彩街，再西向，算是往回走。走到林森西路這樣的大路時，再選蘭井街向東走。

便這麼向東向西，取小街，便能看到不少僻處隱晦的舊日生活情狀，這像是不經意的看到不少臺灣老電影的片斷一樣的經驗，於我是特好的娛樂。像安樂街190巷，L形的弄堂，安靜極了，卻又像不久有事要發生，實是電影（Motion picture）的畫面，而不是拍照（still）的畫面。

像光彩街670號「榮南實業」（中油辦事處），是那種和風兼臺灣瓦房式町家，既是辦公室，側面推開玻璃門，或又是住家，極有生活感。我站在外面停看，覺得盯看三、五分鐘也不膩，特別是裡面有人走來走去拿東西或點菸或取報紙什麼的。這也是為什麼侯孝賢電影如此耐看的相似道理：場景深刻而人的動作合於真實人生時。

署立嘉義醫院舊址

走累了，恰好是品嘗嘉義小吃的時機，如和平路近東門圓環的「劉里長雞肉飯」，文化路的「郭家雞肉飯」，民族路的「呆獅雞肉飯」。如延平街近文化路的「米糕」（無招牌），或成仁街近延平街的「羅山米糕」。如民權路近民生北路的「肉羹」。再如延平街文化路口的「阿娥豆花」與「阿龍土魠魚」等等，多是幾十年的傳統老字號，簡單卻又美味。

散步兩、三小時，想歇歇腿，最佳場所是「植物園」。緊貼在中山公園北面，大樹參天，景至森然，卻又有老城園林之雅馴，不至陰野兮兮。附近的「王田社區」，是依山而建的郊外式社區，乾淨爽朗，生活怡然。小橋一座，兩車相會，禮讓而過。社區中，一公園，旁有垃圾分類回收小亭，處處小景可愛。

眷村的長巷

嘉義便是有這麼多隱藏之驚喜，哪怕是看一眼維新街近林森東路的「嘉義監獄」，大王椰高聳天際，其間一幢白牆綠門，何有趣的一件已顯荒涼意的民國式建築。

倘要選一條最具嘉義「古街」的路巷散步，不妨取「雲霄厝古道」。可自民權路與吳鳳北路交口開始，民權路北面平行的一條小巷，由此小巷向東，便是「雲霄厝古道」。此古道所經，有忠孝路181巷，有共和路135巷，有和平路361巷，其間老宅頗多，但已無清末建築；有的已是日本式與閩南式融合後之風格。我覺得更有賞觀與遐思之特色。其中共和路137號，據云是嘉義世家許世賢老宅，其建築頗富日本閩南融和式風格。

「雲霄厝古道」東端，可結束於安和街，向南，有地藏王廟與昭忠祠，繞看一圈，至此又可向西回走了。

這便是我逛看嘉義的興味大致：看一抹四十年代至六十年代的「小城臺灣」。我希望這些殘殘舊舊的街道與房樓永遠也不要改建。

二〇〇七年一月

許世賢舊宅

億載金城

億載金城

台南的微妙困境

台南市，我近年常去，有時一個月去上三次。且多半沒有事，只是去蕩一蕩；在公園路「奉茶」坐坐，聊聊天，遇一遇台南的老朋友，也認識新出現的新朋友；再去「莉莉」與「義成」吃點水果，這是台南這「熱城」的最佳享受。你隨時想補充水分，同時也可中和隨地吃小吃口中必然充滿的鹹膩；再就是逛逛「墨林」舊書店，須知在異鄉逛舊書店有一種特別的奇趣；除此之外，似乎便沒啥事可幹了。有人或問：那吃呢？我在台南老實說，吃得很懶。常常為了近便，只在「奉茶」旁花五分鐘吃「肉伯」的雞肉飯與白菜湯，五十元打發。

除了這幾件項目外，我在台南幹什麼？好問題。

我既不每次進赤嵌樓、五妃廟，不去探看兌悅古城門（信義街）或神農街，也不去窺望近代建築如台南神學院或長榮中學；但我皆在這類地方不遠處，我皆在古舊建物錯綜網布下的大街小巷中，只為了走路經過，只為了看看門牆零星景，也只為了泛泛收看一絲台南的生活情調。

漸漸的，我發現台南的一些特色：一、它不像現代工商丰采下的城市。它的早上上班時分沒有打扮入時的職業仕女匆匆奔往辦公的大樓，一如台北的敦化南路與忠孝東路口、南京東路復興北路口，或捷運中山站，或甚至捷運古亭站等區塊所輕易可見的那種精緻卻淡雅的梳妝與素淨卻清麗挺拔的服裝。台南市沒有。

台南小公園圓環

即使它只有台北的四分之一大，卻連二十分之一像這樣美麗裝扮人口亦沒有。二、台南亦沒有「上班大樓區」這樣的地方。也即，沒有上班人在此類公共集合區出沒。

以上兩項，足可以令台南的市民少了許多往公共空間大量的、常態的、不自禁的穿戴美俏的、因去看別人與被別人看的，機會。這自然也造成台南人會覺得自己是住在村莊聚落的一角，太多的地方是封閉的，雖云古城，可去的所在其實很少。許多時候，人是孤獨的。更別提台南的透天厝（town house）太過主導居屋結構，使得每人更只能窩身於自家一隅，城市之公共投入感原就比較遲鈍。當三代前的鄉紳之家後來沒落了，由於房子又有地又有樓之複雜先天條件，沒能即時處理得乾淨俐落，遂弄成太多深巷中門上被潑紅漆、大字寫上「還錢」之類字眼的景象。

台南的小生意亦有其窘難之處。若有人想開小吃館，他絕對要很謹慎，譬如開虱目魚丸店，很難，乃台南人只吃他認可的老字號，你要做得比老字號佳，也便罷了，否則做小吃生意，談何容易。

又台南沒有小型卻可供士紳階級吃飯的簡略餐館，像台北「半畝園」那種連炒菜都不備的簡單極矣的小館。台南要不就是小吃攤，好吃固好吃，要不就是宴客的桌菜大店像「阿霞」。它沒有恰如其份的簡潔餐廳，我常想，中學校長、成大的教授、建築師、退休的公務員、奇美的高階主管等等，在何處坐下吃飯？

當然，我說的不是開館子不開館子的問題，我說的是，台南人與另外的台南人在何處相聚？他們能否去到更多開放而有趣甚至有需要的場所？

否則他們只好一直在家裡。

台南市，慢慢走路，委實很閒適，房景加上巷弄景，我總能自得其樂，但一想到這個城市的寂寂清淡，頓時像是看到他們的落落寡歡，幾要為他們叫屈了。

二〇〇七年十月二十六日

鹽水黃朝琴宅的一堵長牆

美濃中正湖

最美的家園——美濃

心目中臺灣最美的地方?好難的一個問題。

若說景致最震撼人心、最富臺灣高山險峻奇絕難抵而又美極,我能想到的,便是花蓮太魯閣。

太魯閣自中橫牌坊進入,向西走,先遠望長春祠,不久進入燕子口,最好步行一段,再至九曲洞,最終至天祥。這樣一段風光,堪稱全臺灣最教人驚嘆鬼斧神工的絕景,確實不錯,但那是遊經,不是停止;你不能每日如此,不能每個早晨在此散步、每個黃昏在此仰望夕陽。

若說最教我印象深刻，卻又是四時皆在身畔不遠的「桃源家鄉」（注意，不是世外桃源），臺灣何難尋也！倘有，只是一處，高雄的美濃是也。美濃是臺灣少有猶自保持住山村田家最典型舊日版本的一處地方。

美濃便是看景。景，是美濃最足傲人之處；景，亦是我每次一抵美濃便感到心底湧動不能自已的那樣東西。

美濃最美者，一、山如屏風，永在眼簾，不遠不近；二、田如平鏡，永在腳邊，綠蔥蔥的、水汪汪的，一大片佈撒開來。遠山與平田，是美濃最完美的組合；山不甚高，亦不甚矮，北面的人頭山（390公尺）、月光山（649公尺）、人字石（400公尺），東北面的尖山（廟後山，401公尺），至若東面，先有東門城樓後方的竹山口（156公尺），再有更東的龍肚里以東的月眉山（295公尺），如此一座座遠遠近近的山，甚是親切依人，卻又不那麼即不那麼離，尺寸最稱完美。人要是沿著中山路（184甲）或是中興路（184）自西向東而來，眼中全是山景，卻絕不逼人；山的前面，躺著平平的綠田，因為有田，這樣的山也頓時馴雅了。既有田，田中的莊宅便成了最佳的點景。又美濃的莊宅屋舍，是美濃除了山與田之外，第三樣最教我心動的物事。宅院為紅磚紅瓦，與遠山、水田的油綠恰成對比，亦多了幾分人煙氣，不至太過青澀荒蔓。又美濃的宅屋，並非建築古，而是形制美；且看家家有堂號，剎是好景觀；又每家每戶多是依天成地勢而建，院落常自然形成斜曲的角度，我們自外遊經，流目過去，總感變化無窮，特別是院子前再多一層門闕著，更是豐富好看。若是在鄉下小路隔著水田望去，先有門闕，再有庭，再隱約見到庭後的堂屋，如此田園，如此人家，莫不是人生最嚮往的住居境界？

這便是美濃先天之至美，故我謂：美濃便只是看景。景以外，再不可更添雜項，如美濃粄條，如美濃油紙傘，如擂茶，如藍布衫等等，方不至辜負了體會美景之原旨。

的確，臺灣太多自然極美的地方，皆因人加上某些設施，便不堪起來；美濃街上的庶民享受，如餐店、百貨店，我大致流覽一番，不敢多停，看來是乏善可陳。然要細細賞景，卻又是非得住下來不可。住，最好是住在田間的農家改成之旅店，但不知有否？近年全臺灣「民宿」蔚成風潮，據說惡俗如樣品屋者不乏，深願美濃不至如此。老實說，美濃極適經營民宿；若有那種離鎮中心三、五公里的小村小里，將自家宅院改建成乾淨房間數間的小旅館，人能下榻兩三晚上，白天騎自行車四處遨遊，中午返回旅店吃主人自烹的午飯（乃外間吃飯太有問題），略睡一個午覺（南部炎熱，飯後常睏），再登上自行車往深村幽里繼續去探，有時遇上人家，攀談投機，坐下喝茶，話話桑麻，更是美事。

美濃最美是郊外，龍肚里、獅山里、中正湖、廣德里……太多太多小角落，往往柳暗花明。外地的遊客多因美濃的數項名氣（如油紙傘等）忽略了美濃的天成之佳美，而這佳美最宜在各個偏僻的不知名角落被你霎的一下不經意發現，尤其是窄窄巷道一轉，巷後藏有三兩家堂屋，堂屋後還有田，田後竟更有山，豁然開朗，教人幾不相信自己眼睛，不相信全臺灣有這樣一塊家園。

當然，臺灣的鄉下不免有頗多陋習，如樓房亂建、鐵窗滿佈、養鴿處處等，美濃也不例外。然賞看美濃，便是要以眼穿透這些人為硬體而看往它的平疇、看往它的遠山、看向它的東門城樓、看向參差起伏的小小菸樓，便這麼眼如垂簾的看，不特別盯著細節，有時更要把握暮靄蒼茫那短暫時刻，看夜幕之前的隱約美濃。

人口，是臺灣城鄉破壞的最大根源。美濃自上世紀七十年代一直維持五萬的人口數，二十一世紀開始，更降低至四萬多人；算是破壞較小的。但「沒落」或「蕭條」的意象，卻在鎮上隨處可見，這亦是臺灣各地皆有的通景。鎮上的「第一戲院」固已不映電影，但能有什麼積極的用途嗎？

開車自杉林鄉南下，由「月光山隧道」出來，如此進入美濃，算是一條新路。平時多採的由旗山進出之路，早已景物熟極。自東南方由屏東高樹鄉跨荖濃溪進入，另有一派風意。若由六龜而來，最得車窗佳景，西有火炎山，東有荖濃溪，顧盼神馳。走著走著，進入新威村，公路在村中彎彎而行，村上街屋隨公路而廓出的弧形線條，是透過車窗最美的眼睛享受。美濃近郊開車，常常有豐富感受；我已多年不開車，幾乎想要有衝動為移居美濃而弄上一部車什麼的。

二〇〇七年十一月

村宅處處的美濃

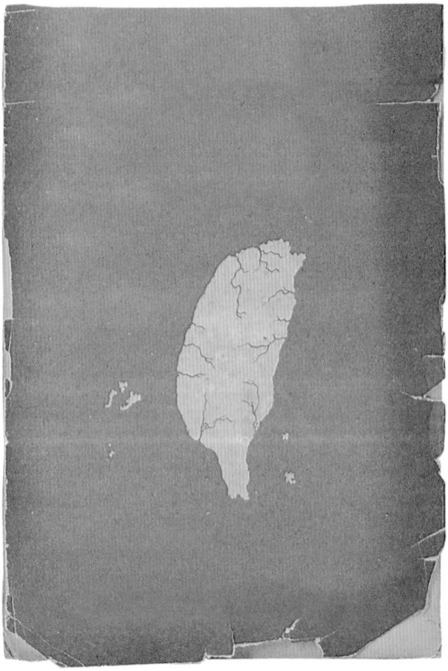

日據時代一本舊書的封底。臺灣四周的藍色，
像極了大海。

舒國治作品 02

臺灣重遊

舒國治／文
鄭在東／畫

責任編輯：繆沛倫
美術編輯：何萍萍
法律顧問：全理法律事務所董安丹律師
出版者：大塊文化出版股份有限公司
台北市105南京東路四段25號11樓
讀者服務專線：0800-006689
TEL：（02）87123898　FAX：（02）87123897
郵撥帳號：18955675
戶名：大塊文化出版股份有限公司
e-mail：locus@locuspublishing.com
www.locuspublishing.com
行政院新聞局局版北市業字第706號

總經銷：大和書報圖書股份有限公司
地址：新北市新莊區五工五路2號
TEL：（02）8990-2588（代表號）
FAX：（02）2290-1658
初版一刷：2008年5月
初版六刷：2015年2月

定價：新台幣280元
Printed in Taiwan

國家圖書館出版品預行編目資料

臺灣重遊 / 舒國治文 ; 鄭在東畫. -- 初版. -
- 臺北市 : 大塊文化, 2008.05
面 ;　公分. -- (舒國治作品 ; 2)

ISBN 978-986-213-057-5(平裝)

1. 臺灣遊記

733.69　　　97006569